Die
Herz-Umarmung

nach Vorlesungen von
Maharani Anand

param

Die

Herz-Umarmung

nach Vorträgen von Maharani Anand

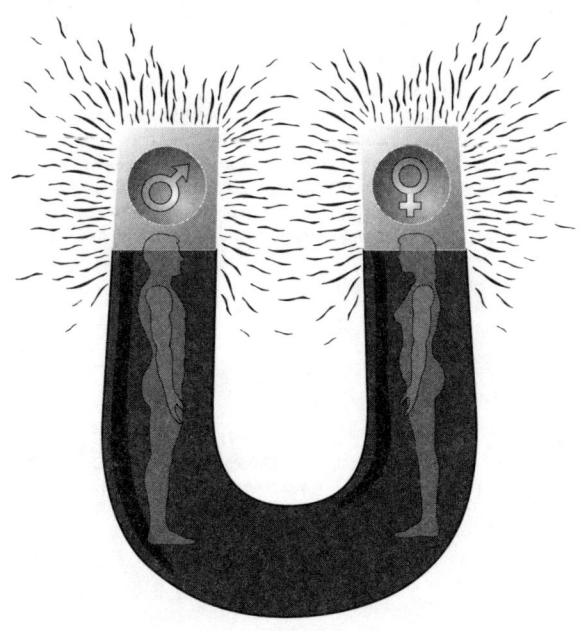

**Diese einfache Übung
läßt die Quelle Ihres Glücks sprudeln.**

paraṃ

param SACHBUCH

Die Deutschen Bibliothek – CIP-Einheitsaufnahme
Die **Herz-Umarmung** / nach Maharani Anand.
– Ahlerstedt : Param, 1997
(Param-Sachbuch)
ISBN 3-88755-200-8

Die Übungen in diesem Buch und die Erläuterungen dazu geben die Meinung der Urheberin und des Herausgebers wieder. Sie ersetzten keinesfalls medizinischen, psychologischen oder anderen fachlichen Rat. Wer die Anweisungen befolgen will, sollte das erst tun, nachdem er sich eine eigene Meinung dazu gebildet und im Zweifelsfall Dritte hinzugezogen hat. Der Verlag schließt jegliche Haftung, die von der praktischen Anwendung der in dieser Publikation beschriebenen Übungen abgeleitet werden soll, ausdrücklich aus.

Umwelthinweis
Dieses Buch wurde
auf chlor- und säurefreiem
Papier gedruckt.

Copyright © 1996 by param Verlag Günter Koch, Ahlerstedt

Herausgeber: Karl-Heinz Koch
Umschlaggestaltung und Satz: ars . data . media
Druck und Verarbeitung: Steinmeier, Nördlingen

ISBN 3-88755-200-8

Ein Mann und eine Frau,
die sich von Herzen umarmen,
sind unbesiegbar.

Maharani Anand

Inhalt

Vorwort

Oft muß einer eine weite Reise tun, um schließlich doch das Naheliegende zu finden. So ist es auch mit diesem Buch. Deshalb sollten Sie es auch gleich wieder fortlegen, wenn Sie nicht darauf gefaßt sind, eine ganz *einfache* Wahrheit zu hören, die Sie eigentlich längst kennen.

Dieses Buch hat eine weite Reise hinter sich: ein halbes Jahrhundert und rund um den Globus herum. Aus heiterem Himmel ist es uns in den Schoß gefallen, in Kapstadt, am Fuße des Tafelbergs.

Wenn die Probleme unüberwindlich erscheinen, ist die Sicht auf die Lösung getrübt, weil diese meist so simpel ist, daß man es einfach nicht wahr haben will. So ist es auch mit dem Problem aller Probleme, mit dem friedlichen, glücklichen und herzlichen Zusammenleben.

> Wenn die Probleme unüberwindlich erscheinen, ist die Sicht auf die Lösung getrübt.

Die Scheidungsrate steigt, immer mehr Menschen leben allein. Das Tempo der Maschine bestimmt unser Leben, nicht der Schlag des Herzens. ›Single‹ ist oft nur eine moderne Umschreibung von Einsamkeit.

Doch auch jene, die in den ›Hafen der Ehe‹ eingelaufen sind oder mit einem Lebenspartner oder Lebens*abschnitt*partner zusammenleben oder sich gelegentlich treffen – sind selten wirklich glücklich miteinander. Wieso?

Warum suchen Männer eine Frau und Frauen einen Mann? Warum suchen Männer eine Frau und Frauen einen Mann, wenn sie doch sehen, daß ringsherum nur wenige Paare wirklich glücklich sind, die meisten vielmehr unter dem Alltag zusammenbrechen, abstumpfen, sich zur Last gehen? Warum bleiben Paare zusammen, obwohl sie miteinander und untereinander leiden? Warum suchen sich alle, die sich getrennt haben, doch schnell wieder einen ›Neuen‹ oder eine ›Neue‹?

Oh ja, es gibt Antworten auf diese Fragen, aber sind es auch ehrliche Antworten? Sex, Angst, Kinder, Einsamkeit, Tradition. Träumt denn nicht jeder Mann, jede Frau von einer beglückenden Beziehung? Hat nicht jeder die Vorstellung, allein das Zusammensein von Mann und Frau sollte schon ohne weiteres Zutun alles Glück dieser Welt freisetzen? Ja, und ist es denn nicht auch so – eigentlich.

Wir beide waren nach langen Jahren an einen Punkt gekommen, der eine Entscheidung verlangte. Wir waren verzweifelt, denn wir konnten uns nicht ertragen, aber wir wollten uns auch nicht wirklich trennen. Da spielte uns das Schicksal ein Bündel schlechter Kopien zu, offenbar Mitschriften von Vorträgen einer Maharani Anand und Briefe an sie oder jemanden, der um Erfahrungsberichte gebeten hatte, alles in Englisch. Randvermerke auf manchen Seiten deuteten darauf hin, daß jemand daran gearbeitet hatte, ein Buch daraus zu machen, das »The Married Bliss Trick« *(Der Eheglück-Trick)* heißen sollte. Allerdings war das Manuskript ungeordnet, unvollständig und längst nicht durckreif.

Maharani Anand muß danach in den Jahren 1948/49 in Indien mehrere Vorträge vor englischsprachigen Ausländern über das Thema Mann und Frau gehalten haben. Wann und wie die Textkopie nach Kapstadt gekommen ist, wissen wir nicht. Der dünne Stapel Blätter sah zunächst auch ganz unscheinbar aus. Erst als wir uns durch die schwer lesbaren Seiten arbeiteten, haben wir nach und nach erkannt, welches Geschenk uns mit diesem Manuskriptfragment in den Schoß gefallen war. Maharani Anand erklärt nämlich eine Übung, die sie ›Eheglück-Übung‹ und ›Eheglück-Trick‹ nennt.

Wir haben diese Übung natürlich sofort ausprobiert und machen sie seitdem täglich. Aufgrund dieser ganz direkten Erfahrung wurde der teilweise lückenhaften Text nur behutsam ergänzt, weshalb das Buch hier und da etwas zusammengesetzt erscheinen mag. Außerdem haben wir uns bemüht, die Sprache an die veränderten gesellschaftlichen Umstände anzupassen. In den fünfzig Jahren, die inzwischen vergangen sind, scheint die herzliche Liebe verloren gegangen zu sein und viele schöne Begriffe haben ihre Unschuld verloren. Deshalb sahen wir uns auch veranlaßt, den neutraleren Titel »Herz-Umarmung« zu wählen.

Weil diese einfach Übung unser Leben wirklich einschneidend verändert hat, haben wir uns entschlossen, dieses Buch herauszugeben und Sie von ganzem Herzen zu bitten, die kurze Unterweisung, die auf den folgenden Seiten auf Sie wartet, unvoreingenommen zu lesen und die empfohlene Übung einfach ein paar Monate lang zu praktizieren, bevor Sie ein Urteil darüber fällen. Probieren Sie einfach einmal aus, was Maharani Anand uns rät!

Die Seele ist ohne Liebe wie eine Blume ohne Sonnenschein. Die Herz-Umarmung läßt Ihre Sonne wieder scheinen, läßt die Quelle des Glücks sprudeln. Bei der Herz-Umarmung fühlen Sie, daß Sie geliebt, daß Sie gebraucht werden, daß Sie wertvoll sind und einen Platz in dieser Welt haben.

Und das wünschen wir Ihnen voller Dankbarkeit von ganzem Herzen!

K.-H. K.

> Die Seele ist ohne Liebe wie eine Blume ohne Sonnenschein.

Anmerkung. Im nachfolgenden Text werden hier und da der Begriff »Partner« oder andere maskuline Substantive verwendet, die dann grammatikalisch richtig mit »er« zitiert werden. Damit ist natürlich sowohl der weibliche wie der männliche Partner gleichermaßen gemeint. Es entspricht heute dem Zeitgeist, das Bekenntnis zur Emanzipation auch sprachlich zu markieren, was dann als »der/die Partner/in« gedruckt erscheint. Im Sinne der Lesbarkeit haben wir auf solche typographischen Klimmzüge verzichtet und hoffen auf das Verständnis unserer ›LeserInnen‹, die emanzipiert genug sind, auf solche vordergründigen Sprachspiele zu verzichten.

Unsicher waren wir auch bei der Anrede. Uns ist klar, daß das englische *you* weniger vertraut ist, als es für deutsche Ohren klingt, und deshalb eher mit »Sie« zu übersetzen ist. Andererseits muß zwischen Maharani Anand und ihren Zuhörern ein großes Vertrauensverhältnis bestanden haben, wenn sie solche intimen Fragen behandeln konnten. Das spricht wieder eher für ein »du«. Weil uns der vertraute Ton wichtig erscheint, haben wir uns für ein respektvolles »Du« entschieden.

Einführung

Es ist ein Geheimnis zwischen Mann und Frau. Es ist das Geheimnis der Schöpfung, denn nichts kommt ins Dasein, ohne die Spaltung des Einen in die Beiden. Das ist die Dualität, die Welt des Vergänglichen und der Widersprüche. Das Leben eben.

Wer das Leben liebt, liebt deshalb die Gegensätze. Das zarte Blütenblatt und den spitzen Stachel, beide zusammen sind die königliche Rose. Gegensätze ziehen sich an, heißt es, denn nur die größten Gegensätze ergänzen sich zur höchsten Vollkommenheit. Und Mann und Frau sind königliche Gegensätze. Wenn sie zusammenkommen, werden sie zu den Polen eines ›Magneten‹, der quasi unbegrenzt Energie freisetzen kann. Wenn sich Mann und Frau richtig umarmen, sind sie unbesiegbar.

Es gibt ein Geheimnis zwischen Mann und Frau...

Die Kraft, die Mann und Frau gemeinsam freisetzen können, ist die Ur-Lebenskraft, die das Saatkorn keimen und aus einer Eizelle ein Baby wachsen läßt. Deshalb nennen wir dieses Zusammensein von Mann und Frau den *kosmischen Magneten,* weil er diese kosmische Kraft freisetzt.

Ein Magnet ist um so stärker, je verschiedener seine Pole sind. Dabei müssen die Pole des Magneten gar nichts tun, um den Magnetismus zu entfachen. Sie müssen nur sie selbst sein. Genauso müssen Mann und Frau auch gar nichts tun. Die Kraft zwischen ihnen erwächst ganz von selbst, wenn sie es nur zulassen. Und diese Kraft ist unerschöpflich und unbesiegbar.

Mancher mag das für Schwärmerei halten, weil sein Alltag anders aussieht. Aber kennt nicht auch jeder die Kraft der Liebe? Wenn der Funke überspringt und die Liebe entfacht, können Schluchten überbrückt und Berge versetzt werden. Aber das erste Verliebtsein ist nur ein Strohfeuer, eine Initialzündung. Wird das Feuer der Liebe nicht behütet, verglüht es eben so schnell, wie es aufgeflammt ist.

Aber wie behütet man das Feuer? Viele denken beim Feuer der Liebe zuerst an die sexuelle Vereinigung. Das ist auch ganz richtig, denn die sexuelle Vereinigung aktiviert den kosmischen Magneten und jeder weiß, welche Kräfte dabei freigesetzt werden. Doch das ist nur der Anfang, sozusagen die erste Stufe des Magneten.

Einem jung verliebten Paar hilft die sexuelle Kraft, die Kluft zu überbrücken, die wir zwischen uns und jedem Anderen aufzubauen uns angewöhnt haben. Aber Sex um seiner selbst willen, wird bald langweilig. Dann flüchtet sich das Paar womöglich in immer verrücktere Praktiken und verirrt sich vielleicht sogar in Abartigkeiten, nur um das erkaltende Feuer irgendwie in Gang zu halten. Oder das Paar fällt innerlich auseinander und bleibt nur aus Gewohnheit oder Not zusammen. Der Magnet ist zerbrochen, die Kraft versiegt. Unzufriedenheit, Streit, Krankheit sind die Folgen.

Das Wissen um den kosmischen Magneten ist das älteste Wissen überhaupt, denn alle Schöpfung beginnt mit der Teilung des Einen in die Beiden. Der kosmische Magnet beschreibt deshalb das ursprünglichste aller Naturgesetze: so groß die Kraft ist, die benötigt wird, um das Eine zu teilen, so groß ist auch die Spannung zwischen den Beiden, weil sie nichts sehnlicher wollen, als wieder eins werden.

Das Wissen um den kosmischen Magneten ist sehr alt.

Wissen wird erworben und geht wieder verloren, besonders wenn es nicht im Alltag gelebt wird. In dem eifrigen Bemühen, den kostbaren Schatz des Wissens für alle Zeiten zu bewahren, werden zwar Regeln formuliert und Schulen gegründet, aber schon bald geraten die Lehrer in Streit um die Regeln und gründen neue Schulen mit neuen Regeln, bis die Wahrheit hinter einem Gestrüpp von widersprechenden Vorschriften und Dogmen verschwunden ist.

Die größten Wahrheiten sind immer ganz einfach. Es ist nicht nötig, endlose Regeln zu befolgen und jede Handlung zum Ritus zu stilisieren. Wenn die Ur-Lebenskraft (Kundalini) erweckt wird und in die Herzen von Mann und Frau Einlaß findet, ergibt sich alles weitere ganz von selbst. Die Natur ist sehr intelligent. Wenn wir die Natur all die vielen kleinen Din-

Die größten Wahrheiten sind immer ganz einfach.

13

ge regeln lassen, die es zu regeln gibt, dann werden wir den größten Erfolg haben. Wir müssen uns nur um das Höchste kümmern und der Natur erlauben, die Energien fließen zu lassen und sich frei zu entfalten. Und dazu müssen wir nicht mehr tun, als wir selbst zu sein.

Es ist ganz natürlich,
daß man sich auf einen Zustand
tieferen Glücks hinbewegt.

Maharishi Mahesh Yogi

Vorbereitung

Manche Menschen erfahren eine entsetzliche Unruhe, wenn sie einfach nur die Augen schließen. Solange die Aufmerksamkeit über die Sinne nach außen gerichtet ist, wird die innere Unruhe leicht soweit überdeckt, daß sie nur indirekt, zum Beispiel durch Konzentrationsschwäche oder Mattigkeit, wahrgenommen wird. Und je größer die äußere Hektik ist, desto mehr wird die innere Ruhelosigkeit übertönt.

Weil sie mit dieser inneren Unruhe nicht umgehen können, flüchten viele in äußere Ablenkungen, nehmen dämpfende Medikamente und Drogen, wie Alkohol, Nikotin oder Schmerztabletten, essen unnatürlich oder versuchen sich mit Arbeit, Erfolg und Geld zu betäuben. Dadurch wird das Problem aber nicht behoben, sondern wächst sich immer mehr aus, bis der Körper protestiert und krank wird – zur Ruhe zwingt.

Es gibt viele Methoden, die innere Ruhe wiederherzustellen und zu erhalten. Hier möchte ich Dir

Solange die Aufmerksamkeit nach außen gerichtet ist, wird die innere Unruhe übertönt.

aber eine vorstellen, die Dich keine zusätzliche Zeit kostet und gleichzeitig die beste Vorbereitung für den *kosmischen Magneten* ist. Außerdem erleichtert diese Übung das Einschlafen und ist in vielen anderen Situationen vorteilhaft anwendbar.

Man macht diese Übung im Bett liegend direkt vor dem Einschlafen. Es ist gut, die Übung möglichst jeden Abend zu machen, so daß es zur Routine wird. Natürlich sollte das Zimmer gut gelüftet und nicht überheizt sein. Ein angenehmer Duft, zum Beispiel Lavendel, Rose oder Sandelholz, ist hilfreich, aber natürlich nicht notwendig. Und wenn von draußen flackerndes Licht in das Zimmer fallen kann, ist es sinnvoll, einen Vorhang vorzuziehen.

Lege Dich auf den Rücken.[*] Die Beine ausgestreckt nebeneinander und nicht überkreuzt, die Arme locker rechts und links neben dem Körper. Kopf und Nacken können mit einem Kissen so unterstützt sein, daß Du ganz entspannt liegen kannst. Jetzt schließt Du die Augen.

Was fühlst Du? Ist da Unruhe in Dir? Dann suche die Unruhe und nimm sie wahr, nimm sie ganz einfach und unschuldig wahr. Geht der Atem schwer? Schlägt das Herz gegen die Brust? Gurgelt es im Bauch? Zwackt es hier und da oder juckt es unter der

---

[*] Heute berichten viele Menschen, sie könnten nicht auf dem Rücken liegen. Das kann mit dem Gefühl zu tun haben, verletzbar und ungeschützt zu sein, wenn man sich nicht einrollt und den Bauch schützt. Auf dem Rücken ausgestreckt gibt man sich sozusagen preis. Aber vor wem solltest Du Angst haben? Deine Seele ist unzerstörbar.

Wenn es diese Angst verletzt zu werden ist, die die Rückenlage unerträglich macht, solltest Du versuchen diesem Dämon nur eine kleine Weile ins Auge zu schauen, bevor Du Dich einrollst. Du wirst sehen, daß seine Zähne in Wirklichkeit stumpf sind.

Wenn es organische Probleme sind, die eine Rückenlage unerträglich machen, sollte man sich natürlich nicht zwingen. Wenn es eben nicht anders geht, dann mache die Übung auf der Seite oder dem Bauch liegend.

Haut, wo man sich nicht kratzen kann? Was immer Du entdeckst, laß einfach zu, daß es geschieht und betrachte es so unbeteiligt, wie ein Passant, selbst wenn die Empfindung dabei zunächst (scheinbar) stärker oder sogar unerträglich erscheint.

Fühlen heißt *nicht*, sich darauf konzentrieren! Laß Deine Aufmerksamkeit wandern, wenn sie von wechselnden Sensationen in Deinem Körper angezogen wird. Und Du mußt auch nicht wach bleiben. Wenn Du einschlafen willst, dann schlafe ein. Wenn Du nicht mehr auf dem Rücken ausgestreckt liegen kannst, dann roll Dich in Deine Schlafposition und schlaf ein.

Schon nach ein paar Tagen wirst Du feststellen, daß Du die Unruhe in Deinem Körper ganz gelassen beobachten kannst. Du merkst das daran, daß Du Dich in irgendwelchen Gedanken wiederfindest und Deine Aufmerksamkeit gar nicht mehr bei den vielen kleinen Unruheherden ist.

Wenn Du feststellst, daß Du Dich in Gedanken verloren hast, ist es Zeit, zu der Übung zurückzufinden. Du sollst Dich niemals zwingen. Wenn Du Dich in Gedanken verlierst, ist das in Ordnung. Wenn Du aber feststellst, daß Du Gedanken denkst, dann machst Du ganz mühelos mit der Übung weiter.

Wenn die Sensationen in Deinem Körper so uninteressant geworden sind, daß Du andere Gedanken denkst, ist es an der Zeit, mit der eigentlichen Übung zu beginnen. Lege Deine Aufmerksamkeit auf den kleinen Zeh des linken Fußes. Fühle den kleinen Zeh so teilnahmslos und absichtslos, wie Du zuvor die Unruhe in Deinem Körper gefühlt hast. Gehe dann Schritt für Schritt die Zehen durch bis zum großen.

Wenn Du andere Gedanken denkst, ist es an der Zeit, mit der eigentlichen Übung zu beginnen.

So tastest Du mit Deiner teilnahmslosen Wachheit das ganze linke Bein ab: den Spann, die Fußsohle, die Ferse, die Achillessehne, das Schienbein und die Wade hinauf; das Knie, die Kniekehle und den Oberschenkel bis zur Leiste.

Der Vorgang soll mühelos ablaufen. Der ganze Vorgang soll ruhig und mühelos verlaufen. Wenn Du dabei einschläfst, macht das nichts. Wenn Du Gedanken denkst, macht das auch nichts. Wenn andere Regungen in Deinem Körper die Aufmerksamkeit ablenken, ist das völlig in Ordnung. Nur wenn Du feststellst, daß Du andere Gedanken denkst, dann sollst Du ganz leicht und mühelos auf die Übung zurückkommen und einfach dort fortfahren, wo Du abgelenkt wurdest, und wenn Du das nicht mehr weißt, fängst Du einfach von vorne an.

Nach dem linken Bein verfährst Du auf die gleiche Weise mit dem rechten: vom kleinen Zeh zum großen, über den Spann, die Fußsohle, die Ferse, die Achillessehne, das Schienbein, die Wade, das Knie, die Kniekehle und den Oberschenkel bis zur Leiste. Wenn Du etwas ausläßt oder die Reihenfolge vertauschst, ist das nicht weiter schlimm.

Nach den Beinen kommen die Arme an die Reihe. Du beginnst mit der rechten Hand: den kleinen Finger von der Fingerspitze bis zum Ansatz hinauf, dann den Ringfinger von der Spitze bis zum Ansatz, dann den Mittelfinger, den Zeigefinger, den Daumen, den Handrücken, die Handfläche, das Handgelenk; dann den Unterarm hinauf, die Armbeuge, den Ellenbogen, den Oberarm, durch die Achselhöhle und bis zur Schulter.

Dann den linken Arm Finger für Finger, den Handrücken, die Handfläche, das Handgelenk, den

Unterarm, die Armbeuge, den Ellenbogen, den Oberarm hinauf, die Achselhöhle und die Schulter.

Nach Beinen und Armen geht es mit dem Rumpf weiter, von Steißbein und Schamgegend über Lenden und Bauch, Rücken und Brust bis zu den Schulterblättern und Schlüsselbeinen, Nacken und Kehle.

Danach geht es dann mit dem Kopf weiter: vom Kinn über die Lippen, die Nasenspitze, den Nasenrücken hinauf, über Augen und Augenbrauen, zu den Ohren, über die Schläfen zur Stirn und zum Scheitel.

Dort auf der Spitze des Kopfes solltest Du nach der langen Wanderung eine kleine Weile Rast einlegen. Laß Deine Aufmerksamkeit so leicht und mühelos wie die ganze Übung hindurch auf dem Scheitel ruhen. Wenn Du von Empfindungen oder Gedanken abgelenkt wirst, macht das nichts. Wenn Du feststellst, daß Du andere Gedanken denkst, führst Du Deine Aufmerksamkeit ganz leicht auf den Scheitelpunkt zurück.

Du mußt Dir den Ablauf dieser Übung nicht einprägen, denn Du gehst einfach den ganzen Körper Stück für Stück durch. Du tastest ihn mit Deiner Aufmerksamkeit ab, so als würdest Du ihn in Gedanken streicheln. Und wenn Du in der Reihenfolge mal was vertauschst, macht das nichts. Die komplette Übung sollte etwa drei oder vier Minuten dauern, aber während der Übung hat man kein richtiges Zeitgefühl und wenn Du abgelenkt wirst, dauert es natürlich entsprechend länger. All das ist nicht wichtig.

Diese Übung ist kein Leistungssport. Du mußt sie nicht unbedingt korrekt und vollständig durchstehen. Wenn Du durch Empfindungen in Deinem Kör-

> Du tastest den ganzen Körper mit Deiner Aufmerksamkeit ab, als würdest Du ihn in Gedanken streicheln.

per abgelenkt wirst, macht das nichts. Wenn Du Gedanken denkst, macht das auch nichts. Nur wenn Du feststellst, daß Du nicht mehr bei der Sache bist, dann sollst Du mühelos mit der Übung fortfahren. Du sollst Dich zu nichts zwingen. Und wenn Du einschläfst, ist das wunderbar. Wenn Du nicht mehr auf dem Rücken liegen kannst, dann roll Dich in Deine Schlafposition und schlaf ein.

Wenn Du mit dem geistigen Streicheln fertig bist, kannst Du den Körper als Ganzes wahrnehmen. Statt Deine Aufmerksamkeit auf bestimmte Körperteile zu richten, fühlst Du den ganzen Körper, wie er da liegt. Wenn Du dabei das Gefühl hast, zu schweben oder die Orientierung im Raum zu verlieren, ist das wunderbar und kein Grund zur Besorgnis. Es zeigt nur, wie entspannt Du in dem Moment bist.

Das Fühlen des ganzen Körpers läuft wie schon beschrieben ab. Wenn Du durch Empfindungen abgelenkt wirst, macht das nichts, und wenn Du Gedanken denkst, macht das auch nichts. Nur wenn Du feststellst, daß Du nicht mehr bei der Sache bist, erst dann sollst Du ganz leicht und mühelos darauf zurückkommen, den Körper als Ganzes zu fühlen.

Du kannst den Körper wie beschrieben einmal durchgehen und dann als Ganzes fühlen. Du kannst den Körper auch mehrmals hintereinander durchgehen und dann als Ganzes fühlen. Und wenn Du einmal sehr müde bist, kannst Du auch nur den Körper als Ganzes fühlen, bis Du einschläfst. Alles, was Du im Rahmen dieser Übung tust, ist gut, wenn Du vor dem Einschlafen mit Deiner Aufmerksamkeit nur ganz bei Deinem Körper bist und danach nichts anderes mehr tust als schlafen.

Wenn Du eine gewisse Routine im Körperfühlen hast, kannst Du diese Übung auch in anderen Situationen anwenden, um Dein inneres Gleichgewicht wiederherzustellen, zum Beispiel nach einem Streit, einem Schreck, einer schlechten Nachricht oder vor einer Prüfung oder einem anderen wichtigen Ereignis.

Du kannst diese Übung auch in anderen Situationen anwenden.

Solche Ereignisse rufen immer körperliche Reaktionen hervor. Sie schlagen auf den Magen, schnüren die Kehle zu, gehen an die Nieren oder unter die Haut. Einen Schrecken oder eine Schimpftirade kann man zum Beispiel auch als Druck oder Schmerz in der Magengrube (*Solar plexus*) fühlen.

Wenn Du, warum auch immer, tagsüber eine solche starke Erregung im Körper spürst, kannst Du sie durch Körperfühlen ausgleichen. Ziehe Dich für einen kurzen Moment an einen Ort zurück, wo Du ungestört bist, und wenn das nicht geht und andere Menschen um Dich sind, dann tu einfach so, als ob Du schläfst. Wenn Du die Augen schließt und eine Hand über die Augen legst oder die Fingerspitzen an die Nasenwurzel hältst, erkennt Deine Umwelt, daß Du Dich einen Moment sammelst und niemand wird Dich ansprechen.

Ob Du sitzt, stehst oder liegst, ist ganz egal. Nimm den Körper als Ganzes wahr, so wie Du es geübt hast, und laß dann Deine Aufmerksamkeit dorthin fließen, wo Du Unruhe fühlst. Die Unruhe oder Erregung ist ein Zeichen dafür, daß an dieser Stelle ein Ungleichgewicht an Energie herrscht. Indem Du Deine Aufmerksamkeit darauf richtest, wird die Energie ausgeglichen, ein Mangel gelindert oder ein Überschuß abgeleitet. Schon nach ein paar Sekunden wirst Du Dich viel besser fühlen.

Reiße nie
plötzlich die
Augen auf!

Eines ist jedoch sehr wichtig, wenn Du das Körperfühlen tagsüber machst. Reiße nie plötzlich die Augen auf! Wenn Du angesprochen wirst, das Telefon klingelt oder sonst etwas Forderndes in Deiner Umgebung passiert, bleibt immer noch genug Zeit, gelassen mit dem Körperfühlen aufzuhören, einmal tief durchzuatmen, die Augen erst blinzelnd zu öffnen, Dich in der Außenwelt kurz zu orientieren und dann erst zu reagieren.

Diese Technik anzuwenden, ist keine Weltflucht. Es geht nicht darum, unangenehmen Situationen zu entfliehen, indem man sich eine schönere Phantasie macht. Vielmehr hilft diese Methode, energetische Ungleichgewichte im Körper auf ganz natürliche Weise zu regulieren. Dazu mußt Du auch gar nichts beitragen, sondern den Körper nur machen lassen. Durch das Körperfühlen gibst Du dem Körper Gelegenheit, seine Energie dorthin fließen zu lassen, wo sie am dringendsten gebraucht wird, und nicht dorthin, wohin sie Dein Wille, dem Zwang der Umwelt gehorchend, lenkt.

Auf ähnliche Weise kann man auch körperlichem oder seelischem Schmerz begegnen. Schmerz ist ein Signal, das auf einen Mangel oder Überschuß an Energie hinweist. Indem Du Deine Aufmerksamkeit auf den Schmerz richtest und den Schmerz fühlst, wie Du es gelernt hast, unterstützt Du den Körper dabei, das Ungleichgewicht zu beheben.

Das Fühlen von
Schmerz hilft, den
Heilungsprozeß
zu unterstützen.

Natürlich ersetzt das Fühlen des Schmerzes keine medizinische oder sonstige fachliche Behandlung und Betreuung, aber es hilft Dir, den Heilungsprozeß zu unterstützen. Die typische Reaktion ist ja, sich dem Schmerz zu versperren. Wer will schon Schmerzen erleiden! Doch indem man sich gegen die Schmerzen stellt oder sie mit Tabletten wegdämpft, behebt man nicht die Ursache des Schmerzes. Der Schmerz ist nur die ›schlechte Nachricht‹ und nicht die Krankheit oder Störung selbst. Der Schmerz dient dazu, die Aufmerksamkeit auf die Störung zu lenken, damit die Energie des Körpers entsprechend fließen kann. Indem man den Schmerz fühlt, also zuläßt, unterstützt man den Energiestrom und beschleunigt damit die Heilung.

Wenn Du Dich gegen Schmerzen wehrst, dann bedrängen sie Dich nur um so länger und hartnäckiger. Wenn Du den Schmerz aber fühlst, Dich ihm also öffnest, dann wird er zunächst scheinbar größer und Du hast vielleicht sogar das Gefühl, er wird unermeßlich und unerträglich. Der Schmerz verselbständigt sich vielleicht sogar und wächst über Dich hinaus. Auf jeden Fall verliert er durch das Fühlen jede Dimension, und Du erlebst Dich von dem Schmerz getrennt. Du bist zum Beobachter des Schmerzes geworden. Es ist, wie in einem sehr heißen Bad. Wenn man sich nicht bewegt, kann man nicht sagen, ob das Wasser sehr heiß oder ganz kalt ist. So ist es auch mit dem Schmerz, wenn man seine Aufmerksamkeit darauf legt, er scheint unermeßlich groß oder unbedeutend klein. Der Schmerz wird relativiert. Durch das Fühlen ist seine Funktion erfüllt und er ist an sich überflüssig geworden, denn die Energie fließt nun so, wie der Körper sie braucht.

Wenn Du seelischen Schmerz hast, kannst Du Dich still hinsetzen und Deinen Kummer, Deine Verzweiflung, Deine Minderwertigkeitsgefühle fühlen. Es ist dann wie bei körperlichem Schmerz. Die Empfindung wächst über Dich hinaus, der Schmerz wird unendlich groß. Du fängst vielleicht sogar an zu weinen und im nächsten Moment mußt Du lachen, weil der Schmerz so unbedeutend geworden ist. Indem Du Dich dem Schmerz öffnest, kann die gestaute Energie fließen. Dann hat der Schmerz seine Aufgabe erfüllt.

Lebensenergie

Der Körper braucht Essen und Trinken, aber daraus kommt nicht die Lebensenergie, über die wir hier sprechen. Wenn man keine Nahrung bekommt oder schlechte, wird man krank, aber selbst wer wohl genährt und im medizinischen Sinne gesund ist, ist nicht unbedingt voller Lebensenergie.

Mit Lebensenergie meinen wir die Kraft, die aus toter Materie Leben erwachsen läßt. Es ist die Kraft, die allem zugrunde liegt und alles in Bewegung hält. Jeder hat diese Kraft tief in sich eingebettet, aber oft ist ihre Quelle verschüttet, unbeachtet oder vergessen. Es würde an dieser Stelle zu weit führen, die vielfältigen Erscheinungen der

Lebensenergie und die zahlreichen Einflüsse, die auf sie wirken, zu untersuchen, und es ist für das Verständnis des kosmischen Magneten auch nicht notwendig. Eigentlich braucht man gar nichts über die Lebensenergie zu wissen, um den kosmischen Magneten zu aktivieren und die entfachte Energie zu nutzen. Weil wir aber dazu erzogen sind, alles verstehen zu müssen, sollen die Grundzüge der Wirkungsweise kurz dargelegt werden.

Die Übung hat nichts mit Glauben oder Verstehen zu tun.

Falls diese Erläuterungen Deinem Weltbild widersprechen, berührt das die Wirksamkeit der Herz-Umarmung in keiner Weise. Wenn Du diese Übung, die im folgenden Kapitel näher beschrieben wird, regelmäßig machst, dann werden sich mit der Zeit auch die gewünschten Wohltaten einstellen. Das hat nichts mit Glauben oder Verstehen zu tun, sondern einfach mit den natürlichen Vorgängen. Wenn Du zur Quelle gehst, um Wasser zu schöpfen, mußt Du auch nicht wissen und verstehen, wieso immer wieder neues Wasser aus ihr hervorquillt.

Die Herz-Umarmung beruht auf dem Gesetz der Polarität.

Die Herz-Umarmung beruht auf dem Gesetz der Dualität oder Polarität. Polarität bedeutet, ein Ganzes wird geteilt. Durch diese Trennung entsteht zwischen den beiden Polen eine Spannung, also ein Energiepotential, das so groß ist wie die Energie, die nötig war, die Pole zu trennen. Das heißt, die Spannung zwischen den beiden Polen entspricht ihrem innewohnenden Drang, sich wieder zu vereinen, wobei dann die potentielle Energie freigesetzt würde. Durch die Teilung der formlosen Ur-Energie (unmanifestierte Lebensenergie) nimmt die Schöpfung Gestalt an, nämlich zwei getrennte Pole. Nach diesem Prinzip entstehen Raum, Struktur und Form.

Das Gesetzt der Polarität wirkt auf allen Ebenen der Schöpfung. Das Atom zum Beispiel besteht aus positiver Ladung im Kern und negativer Ladung auf der Hülle. Zwischen diesen Polen besteht eine Spannung, die als atomare Energie freigesetzt werden kann.

Die Eigenart der Spannung bzw. der beiden Pole macht die Besonderheit des Atoms aus, denn ein Atom kann verschiedene Ladungen im Kern und auf der Hülle haben, wodurch die (chemischen) Elemente dargestellt werden, zum Beispiel Wasserstoff, Sauerstoff, Kohlenstoff.

Atome können sich zu Molekülen gruppieren, zum Beispiel Wasser, Stärke oder Eiweiße, und solche Moleküle können sich zu noch komplexeren Formen anordnen, zum Beispiel der DNS (inkl. der darin gespeicherten Information) oder einer kompletten Zelle. Auch die Zelle ist polar aufgebaut, nämlich als Kern und Hülle. Auf dieser Ebene drückt sich die Lebensenergie als vitale Energie aus.

Zellen können sich organisieren und so komplexe Organismen bilden, zum Beispiel Seerosen, Vögel oder Menschen. Und auch der Mensch hat eine polare Form. Die Hülle ist der fleischliche, physikalische Körper, der Kern die Seele. Auf dieser Ebene drückt sich die Lebensenergie als spirituelle Energie aus.

Auf einer noch höheren Ebene liegt die Polarität von Mann und Frau. Hier drückt sich die Lebensenergie als reine Liebe aus. Und die Kraft der Liebe ist, wie jeder weiß, unbesiegbar.

Im menschlichen Körper fließt die Lebensenergie durch Kanäle oder Bahnen, die zum Beispiel in der Akupunktur Meridiane genannt werden oder im

Lebensenergie durchströmt den Körper in bestimmten Bahnen.

Ayurveda Nadis. Diese Energiebahnen bilden ein Geflecht mit bestimmten Zentren, das den fleischlichen Körper, die Organe, Gefäße, Muskeln und so weiter mit Lebensenergie versorgt.

Die Hauptachse dieses Systems ist ein Kanal (Sushumna Nadi), dem auf stofflicher Ebene die Wirbelsäule mit dem Rückenmark entspricht. Sushumna beginnt in der Gegend des Steißbeins und endet im Kopf. Rechts und links von Sushumna verlaufen zwei weitere Hauptkanäle (Ida und Pingala). Beide schlängeln sich, so daß Anfang und Ende mitgerechnet sechs Kreuzungspunkte entstehen. In diesen Kreuzungspunkten liegen die Energiezentren oder Chakren. Ein siebtes Chakra befindet sich auf der Spitze des Schädels. Chakra ist ein Sanskrit-Wort und bedeutet »Lichtrad«. Das ist die Form, wie diese Zentren von Menschen beschrieben werden, die sie medial wahrnehmen können.

Von den Chakren wird die Lebensenergie in untergeordnete Kanäle mit untergeordneten Zentren geleitet und so über den ganzen Organismus verteilt. Ist ein Chakra aktiv oder wird es gezielt aktiviert, so kommt es zu Veränderungen in seinem elektromagnetischen Feld. Der japanische Wissenschaftler Dr. Hiroshi Motoyama, der in Tokyo eine Klinik und ein Institut betreibt, hat diese Veränderungen durch Messungen an vielen tausend Personen nachgewiesen und den Einfluß, den einzelne Chakren auf bestimmte Organe und Körperfunktionen haben, untersucht.

Sushumna, Ida und Pingala beginnen im Muladhara Chakra, dem auf der körperlichen Ebene der Sakralplexus entspricht. Dieses ›Wurzel-Chakra‹ liegt in der Gegend zwischen After und Genitalien. Hier strömt die Lebensenergie in den Körper ein, um in ihm aufzusteigen und ihn zu durchfluten. Das zweite Chakra heißt Swadhistana. Es liegt in der Gegend des Schambeins und ist den Geschlechtsdrüsen zugeordnet. Das dritte Zentrum (Manipura) liegt in der Gegend über dem Nabel und hat Bezug zum Solarplexus und allen an der Verdauung beteiligten Drüsen. Anahata Chakra entspricht dem Herznervengeflecht und hat Bezug zur Thymusdrüse. Das fünfte Chakra (Visuddha) entspricht dem Kehlkopfplexus und der Schilddrüse. Im Ajna Chakra (Zirbeldrüse) enden Ida und Pingala. Dieses Zentrum liegt zwischen den Augenbrauen und wird auch als drittes Auge bezeichnet. Von hieraus steigt Sushumna zum höchsten Zentrum (Sahasrara) auf, das anatomisch der Hypophyse entspricht. Dort tritt die Lebensenergie wieder aus dem Körper aus. Und weil Energie als Lichterscheinung wahrgenommen werden kann, sieht es aus wie eine Krone auf dem Haupt. Die goldene Krone der Könige soll diese aus dem Haupt ausströmende Lebensenergie versinnbildlichen.

Das höchste Zentrum wird von einem Lichtkranz gekrönt.

Früher, als die Mediziner noch nicht die technischen Möglichkeiten hatten, die stofflichen Aspekte des Körpers in solcher Tiefe zu erforschen, wie es heute möglich ist, war das Wissen um die Energieströme im Körper weiter verbreitet. Der Äskulapstab, bis heute das Sinnzeichen der Medizin, ist eine symbolische Darstellung von Sushumna als Stab, der in einer Kugel (Sahasrara) mit Flügeln (ausstrahlende Energie) endet und von zwei Schlangen (Ida und Pingala) umwunden ist.[*]

Der Äskulapstab ist eine symbolische Darstellung des Energiesystems.

---

[*] Wohlmeinende Grafiker, die diese Zusammenhänge nicht kennen, haben die ursprüngliche Gestalt des Äskulapstabs inzwischen teilweise arg verändert.

Der Stab des
Äskulap und die
sieben Chakren

Sahasrara ⑦
Ajna ⑥
Visuddha ⑤
Anahata ④
Manipura ③
Swadhisthana ②
Muladhara ①

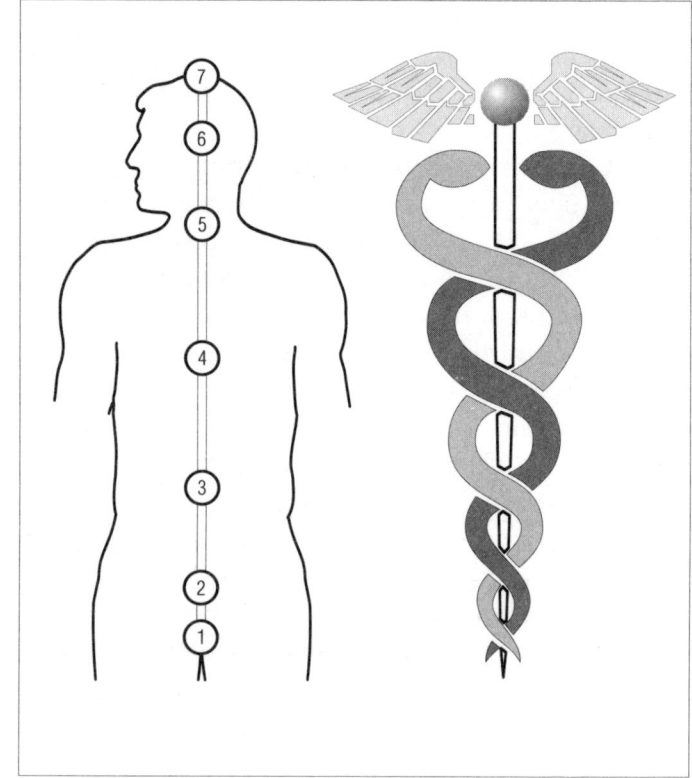

Wenn die
Lebensenergie in
voller Kraft alle
Chakren
durchströmt,
wird das größte
Glück erlebt.

Die Lebensenergie, die im Wurzel-Chakra eintritt, wird in den aufsteigenden Energiezentren hochtransformiert, bis sie im Scheitel-Chakra die höchste Frequenz erreicht hat. Allerdings sind die Chakren oder Energiewirbel auch Engpässe, die je nachdem nur Teile der Lebensenergie durchlassen. Entsprechend schwingt ein Organismus mehr in sogenannten ›niederen‹, das sind stoffliche Frequenzen oder mehr in ›höheren‹, also geistigen oder spirituellen.

Weil das größte Glück dann erlebt wird, wenn die Lebensenergie in voller Kraft alle Chakren durchströmt, ist es Ziel der Herz-Umarmung, die ›Durchlässigkeit‹ der Chakren zu vergrößern. Aber auch dazu mußt Du nicht eigentlich etwas tun, Du mußt es nur zulassen und es geschieht ganz von selbst.

Mann und Frau sind gleich angelegt, sie haben das gleiche Energiesystem, aber sie unterscheiden sich energetisch in polarer Weise. Es ist wie mit einer Münze. Jede Münze hat bekanntlich zwei Seiten, Kopf und Zahl, beide zusammen sind die Münze. Aber wenn sie auf dem Tisch liegt, sieht man nur die eine Seite und die andere ist verborgen. Ähnlich ist es auch mit Mann und Frau. Beide sind an sich vollkommen, aber eine Seite ist sichtbar und die andere verborgen. Und die Seite, die bei der Frau verborgen ist, ist die sichtbare des Mannes und umgekehrt.

Mann und Frau sind die beiden Pole des kosmischen Magneten.

Diese Darstellung ist natürlich nur prinzipiell. Es gibt Männer mit stark sichtbaren weiblichen Aspekten und Frauen, die männlich wirken. Das ändert aber nichts an der Tatsache, daß die Frau energetisch betrachtet eine Art invertiertes Bild des Mannes ist und umgekehrt. Beide sind wie die Pole eines Magneten und können sich zum kosmischen Magneten vereinen.

Warum gibt es Männer und Frauen, um Kinder in die Welt zu bringen? Es mag vordergründig so aussehen, aber wenn es nur um Nachwuchs ginge, so gibt es in der Natur genügend Beispiele geschlechtsloser Fortpflanzung. Das eigentliche Geheimnis zwischen Mann und Frau ist ihre Polarität, das Energiepotential zwischen ihnen, ähnlich wie zwischen Hülle und Kern des Atoms.

Ein Paar, das diese Polarität lebt und dadurch sein Energiepotential freisetzt, findet direkten Zugang zur Quelle der Lebensenergie, wie sie sonst nur einem hoch entwickelten Einzelnen, einem Erleuchteten verfügbar ist. Ein solches Paar strahlt Glück aus und zieht damit Freude, Erfolg und Wohlstand an. So wirkt es auf seine Umwelt wie ein Magnet.

* * *

In der griechischen Mythologie gibt es ein Paar, das diese Polarität versinnbildlicht, das sind Philemon und Baukis:

Zeus liebte es, verkleidet oder verwandelt unter die Sterblichen zu gehen. So kam er einst begleitet von Hermes als armer Wanderer nach Lykien, wo die Felder dicht wogen und die Viehherden fette Weiden finden. Hier gab es die reichsten Bauernhöfe des Erdkreises. Als sie aber am Abend anklopften und um ein Nachtlager baten, da wurden sie abgewiesen und verscheucht. Die reichen Bauern gaben ihnen nicht einmal Wasser oder ein Stück trockenes Brot.

Zeus und Hermes wanderten betrübt weiter und kamen über ein karges Stück Land, hinter dem ein Berg aufstieg. Da wurden sie von einer freundlichen Stimme angerufen: »Dort dürft ihr nicht weitergehen. Es dämmert schon. Der Weg verliert sich im Gestrüpp und wilde Tiere und Räuber hausen in den Bergen.«

Etwas abseits des Weges, vor einer ärmlichen Hütte aus Lehm und Stroh saßen zwei alte Leute auf der Bank. Der Alte schnitzte an einem Bildchen und die Frau führte die Spindel in der Hand.

»Unsere Hütte ist wohl schlecht, doch sicherer als der Berg. Tretet ein und verbringt die Nacht bei uns.« Die Wanderer kehrten bei Philemon und Baukis ein.

Sogleich schürte das Mütterchen das Feuer und streute trockenes Laub auf die Glut, während ihr Mann Kräuter und frisches Gemüse aus dem Garten holte. Ein Fußbad wurde den Wanderern bereitet, Wasser und Wein aufgetragen und Früchte gepflückt. Eine Suppe kochte über dem Feuer, ein Gefäß mit Ziegenkäse wurde aus dunkler Ecke geholt. Nach dem Mahl breiteten Philemon und Baukis den Wanderern ihre Decken aus, während sie sich selbst auf der nackten Erde zur Ruhe legten.

Als die Morgendämmerung durch die Türritze hereinfiel, flüsterten die Alten: »Was setzen wir heute unseren Gästen vor?« – »Schlachte die Gans.« – »Ja, was braucht unsere Hütte einen Wächter.«

Doch als Philemon Hand an die Gans legen wollte, wurde er von himmlischem Licht geblendet und er gewahr Gott Hermes, der ihm Einhalt gebot, neben Baukis aber stand Zeus selbst in seinem herrlichen Glanz.

Die Götter führten die beiden Alten auf den Berg und zeigten ihnen das ehemals reiche Land. Es war öde und sumpfig und voller fetter Kröten, die quakten, als ob sie um Erlösung flehten.

Philemon und Baukis beklagten das Schicksal ihrer Nachbarn sehr, als sie die Strafe des Göttervaters erkannten. Der aber räumte ihnen einen Wunsch ein, da sie freudig ihre Armut getragen und freundlich den fremden Wanderern gedient hatten. Und die schäbige Hütte verwandelte sich vor ihren Augen in einen Tempel.

Philemon aber rief: »Zeus, dort bin ich geboren, dort lebte ich mit meiner Gefährtin. Dort laß mich auch sterben.«

Und Baukis stammelte: »Wenn mir der Gefährte stirbt, so laß mich nicht allein auf Erden. Dieselbe Stunde möge uns fortführen.«

Als sie aufblickten, waren die Götter verschwunden. Sie stiegen hinab und fanden im festgefügten Tempel Krüge mit Wein, Früchten und Brot auf dem Tisch und in ihrem schön gebauten Gemach duftende Leinengewänder. Fromm versahen die Alten den Dienst im Tempel; sie reinigten und schmückten das Haus und beteten vor dem Götterbild.

Als nun Philemon seinen Tod herannahen fühlte, ging er in den Garten und rief Baukis zu sich. Sie reichten einander die Hände. Da schlugen sie Wurzeln im Erdreich, und ihre gebeugten Leiber reckten sich empor. Philemon sah noch ein letztes Mal das gute Gesicht der Gefährtin, aus dem sich ein Laubdach wölbte. Sie wurde zur Linde. Philemon jedoch wurde eine Eiche. Ihre Äste verschränkten sich ineinander.

Längst verging der schöne Tempel, und der blühende Garten neben ihm wurde von Gebüsch überwuchert. Aber die Frösche quakten noch immer im Sumpf; und Eiche und Linde überdauerten die Jahre.

Die Erzählung von Philemon und Baukis wurde übernommen aus Bettina (Hrsg.): Liebe. Param Verlag, 1981.

Der kosmische Magnet

Die Herz-Umarmung ist eine Partnerübung, die ein Mann und eine Frau gemeinsam machen, um den kosmischen Magneten zu aktivieren. Was man tun kann, wenn man keinen Partner hat, werden wir weiter unten erörtern.

Obwohl dieser ›Eheglück-Trick‹[*] im Prinzip eine tantrische Übung ist, hat das nichts mit Sex zu tun. Aus Scham und aus Mangel an einem brauchbaren Begriff wird über die sexuelle Begegnung von Mann und Frau als ›Liebe machen‹ gesprochen. Das ist nicht gut, weil es verwirrt. Liebe kann man nicht machen. Liebe kann man nur empfinden, schenken und empfangen.

Sex hat auch zunächst überhaupt nichts mit Liebe zu tun. Tatsächlich verlaufen sexuelle Begegnungen oft sehr lieblos. Umgekehrt ist Liebe ohne Sex möglich, aber das sexuelle Zusammensein schließt Liebe natürlich nicht aus und wenn es sich gut entwickelt, dann kann ein Paar über die sexuelle Attraktion zueinander, das heißt, zur gegenseitigen Liebe finden.

Während für die Frau der körperliche, sexuelle Aspekt des Zusammenseins gewöhnlich nicht so sehr im Vordergrund steht, ist dieser Hinweis für den Mann durchaus wichtig. Besonders junge Männer werden von der Macht des sexuellen Triebs leicht

---

[*] Im englischsprachigen Original heißt es *married bliss trick* und *married bliss practice*, was wir hier die »Herz-Umarmung« nennen (siehe Vorwort). Weil die inhaltlichen Bezüge sonst verloren gehen würden, erscheint in diesem Kapitel hier und da die Übersetzung Eheglück-Übung oder Eheglück-Trick.

fortgerissen. Im Mittelalter sagte man deshalb, der Ritter müsse den Drachen töten oder richtiger, bezwingen. Damit ist gemeint, er muß lernen, die Lebensenergie, hier in Gestalt der Sexualenergie (Feuerdrache), aufsteigen zu lassen, statt ihr zu unterliegen und von ihr beherrscht zu werden. Wenn die Lebensenergie geweckt wird und keine Übung darin besteht, ihr zu erlauben, zu höheren Energiezentren aufzusteigen, dann will sie sich mit all ihrer Macht gleich im Swadhistana-Chakra manifestieren, das auch die Geschlechtsorgane mit Lebensenergie versorgt.

Es ist überhaupt nicht nötig, daß Du Deine Lebensgewohnheiten änderst.

Dies ist keine Forderung nach Enthaltsamkeit. Du brauchst Deine Lebensgewohnheiten in keiner Weise zu ändern, um die Herz-Umarmung mit Erfolg zu praktizieren, und Du kannst auch Deine sexuellen Gewohnheiten fortführen, wie und solange Ihr beide das wollt. Während der Partnerübung kann es jedoch, besonders anfangs, wenn man noch unerfahren ist, zu mehr oder weniger heftigen sexuellen Reaktionen im Körper kommen. Und das gilt nicht nur für den Mann, obwohl es bei ihm offenbarer wird, auch die Frau kann diese sexuelle Erregung erleben.

Diese Regung soll nicht unterdrückt werden. Aber sie soll *während* der Partnerübung auch nicht ausgelebt werden. Wir machen es mit dieser Empfindung, wie Du es durch die Vorbereitungsübung bereits gelernt hast, wir lassen sie zu und nehmen sie, wenn sie entsprechend dominierend ist, als unbeteiligter Beobachter wahr. Sie wird nach einer Weile von selbst verschwinden oder Du stellst fest, daß Du sonstwie abgelenkt bist und kommst dann so leicht und mühelos auf die Herz-Umarmung zurück, wie Du es bereits gelernt hast.

36

Diese Übung heißt nicht Eheglück-Übung, weil sie nur von verheirateten Paaren angewendet werden kann. Es ist völlig gleichgültig, ob Ihr befreundet seit, zusammenlebt, standesamtlich verheiratet oder wieder geschieden seid. »Ehe« meint hier die Verbindung von Mann und Frau als zwei Pole zu einem Ganzen. Tatsächlich kannst Du diese Übung auch mit irgendeinem Fremden praktizieren, allerdings wird er Dir dadurch nicht lange fremd bleiben.

Die Übung kann von jedem Paar angewendet werden.

Früher gab es sogar Tempeldienerinnen, die Männern, die keine Ehefrau hatten, für diese Übung zur Verfügung standen. Diese Tatsache ist leider mißgedeutet worden, als ob diese Frauen Huren gewesen wären und den Tempel zum Bordell gemacht hätten, weil die gemeinen Menschen keine Ahnung von der Lebenskraft, dem Geheimnis zwischen Mann und Frau und dem kosmischen Magneten haben und sich auch gar nicht dafür interessieren, ihre inneren Kräfte zu entwickeln und glücklich zu werden. Sie suhlen sich lieber in ihrem Unglück und versuchen, damit das Mitleid der Umwelt zu erheischen.

Gemeine Menschen haben keine Ahnung vom Geheimnis zwischen Mann und Frau.

Der Name Eheglück-Übung weist aber auch darauf hin, daß eine intensive Beziehung zwischen den beiden Partnern entsteht, wenn sie nicht schon vorhanden ist, weil diese Übung eine starke emotionale Verbindung schafft. Aber auch eine solche innige Beziehung muß nicht notwendig auf der sexuellen Ebene ausgelebt werden. Deshalb kann diese Übung theoretisch von zwei beliebigen Partnern praktiziert werden, die weiter nichts im Alltag verbindet.

Außerdem bedeutet »Ehe«, daß man diese Übung vorzugsweise mit immer dem gleichen Partner praktiziert und nicht heute mit diesem und morgen mit

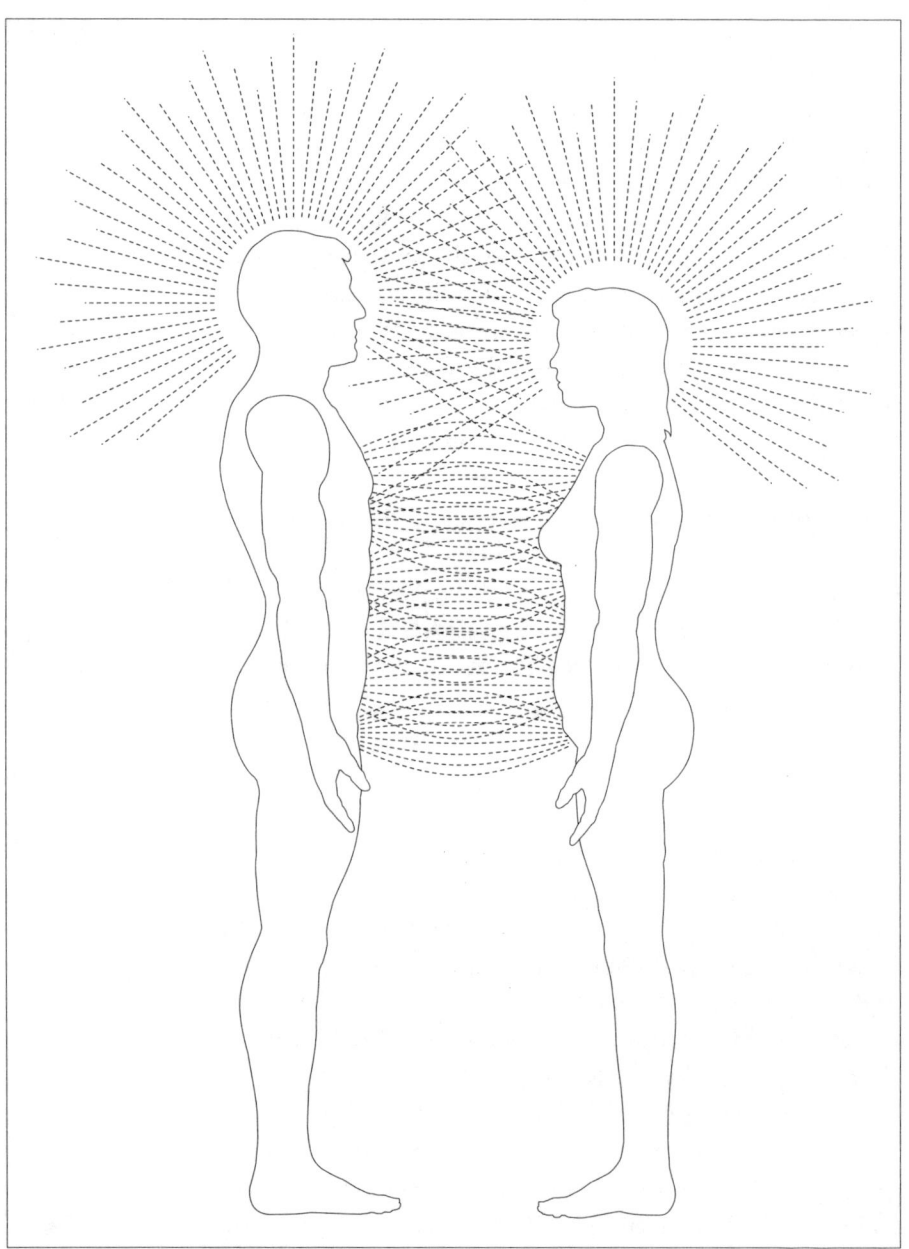

jenem. Und das ist beileibe keine moralische Frage, die stellt sich bei dieser Übung ja eigentlich auch gar nicht, es ist eine rein praktische Erwägung, denn je öfter ein Paar diese Übung gemeinsam macht, desto vertrauter werden sie miteinander, desto mehr Erfahrungen haben sie damit und desto intensiver werden auch die Erlebnisse und Auswirkungen werden. Es ist wie bei einem eingespielten Team.

Aber verboten ist natürlich nichts! Probier es einfach aus und entscheide selbst, was Dir mehr bringt. Wenn Du Dich ganz natürlich verhältst, kannst Du bei dieser Übung einfach nichts falsch machen. Sich natürlich zu verhalten heißt, nichts zu erwarten, nichts zu erzwingen, alles so zu nehmen, wie es kommt. Das einzige, was Du tun mußt, ist die Übung tatsächlich zu machen, also eine gewisse Überwindung dann und wann, trotz all der ›wichtigen Dinge‹, die zu erledigen sind, sich die paar Minuten Zeit für das Eheglück zu nehmen.

Das einzige, was Du tun mußt, ist die Übung zu machen.

Die Wirkungsweise dieser Übung ist so simpel wie tiefgehend. Im vorangegangenen Kapitel wurde die Grundstruktur des menschlichen Energiesystems diskutiert. Es gibt einen Hauptkanal und sieben Hauptzentren. Genaugenommen gibt es einen Hauptkanal mit sieben Energiewirbeln auf der Bauchseite und einen weiteren Hauptkanal mit sieben Energiewirbeln auf dem Rücken, aber das ist hier nicht von Bedeutung.

So wie eine Münze zwei Seiten hat, hat auch das menschliche Energiesystem zwei Pole und ist damit an sich vollständig. Tatsächlich funktioniert dieses Energiesystem aber bei verschiedenen Menschen mehr oder weniger vollständig, einzelne Chakren sind mehr oder weniger geöffnet und es fließt mehr oder weniger Lebensenergie durch sie hindurch. Daraus resultieren Krankheit, Unglück, Armut und vorzeitiges Altern.

Nun ist es ein besonderer Segen, daß das weibliche und männliche Energiesystem verschieden gepolt sind. Es ist wie mit zwei Münzen. Beides sind vollständige Münzen, aber sie liegen so auf dem Tisch, daß die eine Kopf und die andere Zahl zeigt. Werden die verschieden gepolten Energiesysteme von Mann und Frau in geeigneter Weise zusammengebracht, baut sich zwischen ihnen ein mächtiges Feld auf, das Energie verströmt.

Dieser Vorgang wird hier als *kosmischer Magnet* bezeichnet, weil es wie bei einem Magneten ist. Jeder Pol für sich ist wirkungslos, aber beide zusammen bilden einen mächtigen Magneten, von dem eine unsichtbare Kraft ausgeht. Jedes Kind ist irgendwann von diesem ›Geheimnis‹ des Magneten fasziniert.

Probier es aus! Genauso ist es mit dem kosmischen Magneten. Du mußt ihn nur aktivieren, indem Du gemeinsam mit Deinem Partner die Herz-Umarmung übst, und eine geheimnisvolle, unsichtbare Kraft zieht nach und nach Glück, Gesundheit, Jugendlichkeit und Wohlstand für Euch beide an, so daß Ihr sie ganz spontan und natürlich in Eure Umgebung ausstrahlen könnt. Probier es aus!

Wie? Wo? Wann?

Aus den vorangegangenen Erläuterungen ist schon deutlich geworden, daß es darum geht, die Chakren von Mann und Frau zusammenzuführen. Die klassische Position dafür sieht im Tantra so aus, daß der Mann in Lotus-Position sitzt, also mit untergeschlagenen Beinen, aber so, daß die Fußsohle des rechten Beins in der linken Leiste liegt und die Fußsohle des linken Beins in der rechten. Die Frau setzt sich sodann auf die so gekreuzten Unterschenkel und umfaßt den Rumpf des Mannes mit Beinen und Armen.

Der Sinn dieser nach westlichen Maßstäben verknoteten Beine liegt darin, daß eine sehr stabile Sitzposition erreicht und die Wirbelsäule ganz gerade gehalten wird. Ein Yogi in Lotus-Position kippt nicht um, selbst wenn er in Trance fällt. Wer aber nicht sehr sportlich ist oder schon lange Yoga praktiziert, be-

kommt die Beine entweder gar nicht erst in diese Lage oder es ist sehr unbequem für ihn. Wenn dann
noch die Partnerin darauf Platz nimmt, wird es erst
recht ungemütlich.

Bei einer Umarmung treten die beiden Energiesysteme in Resonanz.

Die Herz-Umarmung ist keine Turnübung und
niemand wird dabei in Trance fallen. Deswegen liegt
es nahe, eine bequemere Haltung zu wählen. Um die
Chakren möglichst nahe zusammenzubringen, müssen die Oberkörper gegeneinander gelegt werden.
Die natürlichste Haltung dafür ist die, wie bei einer
Umarmung. Tatsächlich besteht der innere Wert der
Umarmung darin, daß die beiden beteiligten Energiesysteme in Resonanz gebracht werden. Auch die Haltung beim Paartanz hat diesen Effekt, und die Freude
am Tanzen, die viele Menschen haben, beruht nicht
nur auf der Harmonie der Bewegungen sondern
auch auf der Harmonisierung und Stimulation des
Energiesystems.

Damit die Aufmerksamkeit nicht ständig darauf
gelenkt wird, das Gleichgewicht zu wahren, bietet es
sich an, daß sich der Mann mit dem Rücken leicht gegen die Wand oder einen Türrahmen lehnt. Am besten steht er mit leicht gespreizten Beinen und stützt
sich mit dem Kreuzbein gegen die Wand. Die Frau
steht direkt vor dem Mann und lehnt sich nur leicht
gegen ihn, denn sie wird ja durch seine Arme gehalten, die er um sie legt. Hier müßt Ihr beide selbst ein
wenig probieren, welche Haltung für Euch am be-
quemsten ist. Wenn die Frau zum Beispiel sehr viel
kleiner als der Mann ist, kann es gut sein, wenn sie
etwas erhöht steht (Telefonbuch).

Eigentlich ist es nicht so wichtig, wo die Hände liegen, aber eine empfehlenswerte Haltung ist, daß der

42

Mann eine Hand auf die Gegend des Kreuzbeins der Frau legt, also in die leichte Mulde über dem Po, und die andere zwischen die Schulterblätter, auf den Nacken oder den Hinterkopf.

Die Frau legt ihre Arme ebenfalls um den Mann. Wo ihre Hände liegen, ist davon abhängig, wie er sich anlehnt und wie weit ihre Arme reichen. Optimal ist auch für sie, wenn eine Hand auf dem Kreuzbein und die andere weiter oben auf der Wirbelsäule liegt, sie kann aber auch zum Beispiel mit beiden Armen unter seinen Achseln durchgreifen und ihre Hände auf seine Schulterblätter legen oder weiter unten in die Gegend der Nieren.

Wesentlich ist, wie schon gesagt, daß die Körper vom Bauch bis zur Brust in lockeren Kontakt gebracht werden. Auf keinen Fall sollte man sich so eng aneinander drücken, daß die Atmung behindert wird.

Die Körper werden in lockeren Kontakt gebracht.

Alles sollte bequem und leicht sein, das ist ein wichtiges Prinzip. Wenn man normal bekleidet ist, kann es deshalb sinnvoll sein, Krawatte und Gürtel zu lockern und keine (engen oder hochhackigen) Straßenschuhe zu tragen. Aber das wirst Du schnell selber merken, wenn Du mit der Übung beginnst.

Es sollte bequem und leicht sein.

Die Übung sollte einmal am Tag etwa zehn bis fünfzehn Minuten lang gemacht werden. Wenn Ihr Schwierigkeiten seht, das in Euren Tagesablauf zu integrieren, dann macht die Übung eben nur fünf Minuten. Natürlich kann man nicht die gleichen Resultate erwarten, wenn man weniger übt. Aber wenn Ihr mit wenigstens fünf Minuten pro Tag anfangt, dann werdet Ihr von selbst bald länger diese wunderbare Erfahrung teilen wollen.

Die Übung sollte 10–15 Minuten gemacht werden.

Die Übung sollte einen festen Platz in der Tagesroutine haben.

Wichtig ist auf jeden Fall, der Übung einen festen Platz in der Tagesroutine zuzuweisen, denn sonst geschieht es leicht, daß die täglichen Wechselfälle zur Unregelmäßigkeit führen und das ist gewöhnlich der Anfang vom Ende. Es gibt nämlich eine kleine Schwierigkeit, die dazu verleitet, mit der Übung aufzuhören. Man glaubt gar nicht, wie schnell man sich daran gewöhnt, wenn es einem besser geht. Wenn Ihr Euch täglich umarmt, wird Eure Beziehung bald viel harmonischer sein und Ihr werdet beide glücklicher und zufriedener. Da denkt man schnell, *ach, heute können wir das mal ausfallen lassen, denn ich muß dringend...* Wenn sich solche Gedanken einmogeln, solltet Ihr Euch immer daran erinnern, wie es früher war, als Ihr die Übung noch nicht praktiziert habt. Wenn Ihr unregelmäßig werdet, könnt Ihr nicht den vollen Erfolg erwarten, und vermutlich werdet Ihr auch bald ganz aufhören.

Wenn man ›keine Lust‹ hat, sie zu machen, dann hat man die Herz-Umarmung gewöhnlich ganz besonders nötig.

Umgekehrt zeigt die Erfahrung auch, daß man gerade dann keine ›Lust‹ hat, die Übung zu machen, wenn man es am nötigsten braucht, zum Beispiel wenn man sehr viel zu tun hat oder unter besonderem Streß steht. Man redet sich dann gerne ein, man hätte keine Zeit, dabei gewinnt man die paar Minuten, die man für die Herz-Umarmung aufwendet, schnell zurück, weil man hinterher viel energievoller ist und die Arbeit dadurch leichter von der Hand geht. Da ist es dann ein großer Segen, daß die Herz-Umarmung eine Partnerübung ist, weil der eine Partner aufgerufen ist, den anderen, gestreßten liebevoll an die Übung zu erinnern.

Ein anderer Aspekt ist, daß es anfangs eine ganze Weile dauern kann, bis der kosmische Magnet so richtig in Schwung kommt und die positiven Auswirkungen, die zweifellos von Anfang an vorhanden sind, auch im täglichen Leben deutlich werden. Nur mit einer klaren Routine kommt man über solche Durststrecken hinweg. Wenn Ihr mit der Übung beginnt, solltet Ihr Euch deshalb gemeinsam vornehmen, mindestens ein halbes Jahr regelmäßig die Herz-Umarmung anzuwenden, um dann erst rückblickend zu beurteilen, ob sich die Mühe lohnt. Wenn Ihr nach einem halben Jahr feststellt, daß alles nur Zeitverschwendung war, dann könnt Ihr getrost aufhören. Aber das wird nicht geschehen!

Es kann auch sein, daß Ihr oder einer von Euch meint, während der Übung ›nichts zu merken‹, und daß er die ganze Sache deshalb langweilig und sinnlos findet. Es ist aber gar nicht nötig, irgendetwas zu merken. Wenn Ihr nur einfach den Anweisungen folgt, Euch regelmäßig umarmt und damit dem kosmischen Magneten erlaubt zu wirken, dann ist alles getan, was nötig ist.

Man sollte die Herz-Umarmung niemals danach beurteilen, was man während der Übung empfindet, sondern immer danach, was sich im täglichen Leben tut. Deshalb noch einmal: Nehmt Euch vor, die Übung ohne Wenn und Aber eine gute Weile regelmäßig zu machen, und beurteilt dann rückblickend, ob es sich gelohnt hat. Die Aussicht auf ein erfüllendes Zusammenleben und all die Wohltaten und Vorteile, die daraus entspringen, sollte diesen Versuch doch wert sein, oder?

Optimal ist es wahrscheinlich, die Übung entweder morgens nach dem Aufstehen und vor dem Frühstück zu machen oder abends vor dem Abendessen

Die Herz-Umarmung sollte nicht danach beurteilt werden, was man während der Übung erlebt, sondern danach, was sich im täglichen Leben verändert.

45

oder vor dem Schlafengehen, denn das sind Zeiten, wo man am ehesten ungestört ist. Ein voller Magen, Kaffee, Alkohol und alles andere, was den Körper reizt, kann sich störend auswirken. Wenn Du entsprechende Beobachtungen machst, wirst Du Dich ganz von selbst darauf einstellen. Natürlich sollte man auch alle vorhersehbaren Störungen vermeiden, bevor man mit der Übung beginnt. Ein guter Ort ist deshalb in den meisten Fällen das Schlafzimmer. Außerdem trägt man dort auch bequeme Kleidung. Aber das sind alles nur Vorschläge. Wann und wo Ihr diese Übung praktiziert, ist letztlich ganz gleichgültig, wenn Ihr sie nur macht. Und wenn Ihr beide Euch ganz natürlich verhaltet, werdet Ihr spontan auch den für Euch richtigen Ort und die für Euch passenden Umstände wählen.

Die Dauer der Übung soll nach der Uhr und nicht nach dem Gefühl bemessen werden.

Nur eines ist wichtig und sollte nicht ›aus dem Bauch heraus‹ geregelt werden, die Dauer. Ob Ihr nun mit fünf oder zehn Minuten beginnt, Ihr solltet die Dauer der Übung nach der Uhr und nicht nach Eurem Gefühl bemessen. Das beste ist, einer von Euch hat direkten Blick auf eine Uhr. Wenn Ihr mit der Übung beginnt, schließt Ihr die Augen und nehmt Euch vor, zum Beispiel zehn Minuten zu üben. Wenn der ›Aufpasser‹ das Gefühl hat, die Zeit ist um, blinzelt er ganz leicht und überprüft mit halbem Auge die Uhr. Ist die Zeit um, gibt er dem anderen ein Zeichen, zum Beispiel einen leichten Druck mit der Hand oder indem er beginnt, sich ein wenig zu räkeln und sehr langsam vom anderen zu lösen. Ist die Zeit noch nicht verstrichen, schließt er ganz einfach wieder die Augen und macht weiter.

Tatsächlich gewöhnt sich der Körper sehr schnell

46

an eine solche Zeitspanne und man schaut meist ziemlich genau dann auf die Uhr, wenn es auch so weit ist. Während der Übung kann man aber auch sehr leicht das Zeitgefühl verlieren. Deshalb ist es empfehlenswert, nach der Uhr zu gehen, damit man nicht von wechselnden Gefühlen geleitet wird und an einem Tag, wo die Übung nichts zu bringen scheint, schon nach zwei, drei Minuten wieder aufhört, denn gerade dann ist es wichtig, die volle Zeit zu nutzen.

Wenn Ihr mit einer kurzen Übungszeit beginnt, weil Ihr glaubt, nicht mehr Zeit erübrigen zu können, und nach einer Weile Lust bekommt, Euch länger zu umarmen, sollte das auch nicht einfach nach Geschmack geschehen, sondern nach einer vorgefaßten Zeit, zum Beispiel fünfzehn Minuten.

Wenn es dann und wann besonders schön ist, könnt Ihr natürlich auch mal die Zeit überziehen. Wenn man sich aber auf fünfzehn Minuten festgelegt hat, sollte man auch diese Zeit einhalten und nicht schon nach zehn Minuten abbrechen, weil es mal ›langweilig‹ ist. Also kurz gefaßt: kürzer nie, länger okay.

Während der Übung verhält man sich ganz natürlich. Zunächst sollte man so bequem wie möglich stehen, die Kleidung sollte nicht einschnüren. Wenn es juckt, dann kratze Dich. Wenn Du das Bedürfnis hast, Dich zu bewegen, dann tue das. Bewegungen sollten nur nicht plötzlich und ruckartig sein, um den Partner nicht zu erschrecken, der vielleicht gerade ganz tief in sich versunken ist. Und wenn Du die Regung hast, Deinen Partner leicht zu streicheln, dann solltest Du das ruhig tun.

Während der Übung verhält man sich ganz natürlich.

47

Nachdem Ihr Eure gewohnte Haltung für die Übung eingenommen habt, schließt Ihr die Augen. Dadurch wird die Aufmerksamkeit automatisch nach innen, auf den Körper gelenkt. Durch die Vorübung des Körperfühlens seid Ihr beide mit diesem Zustand ja gut vertraut.

Was immer Du wahrnimmst, ist in Ordnung. Nimm es einfach wahr und laß es, wie es ist.

Sobald Du Dich in diesem verinnerlichten Zustand zurechtgefunden hast, geschieht das gleiche, was Du vom Körperfühlen her kennst. Du stellst Unruhe fest oder Gedanken, Du spürst Wärme zwischen Euch oder eine sexuelle Erregung. Was immer Du wahrnimmst, ist in Ordnung. Nimm es einfach wahr und laß es, wie es ist.

Durch das Aufeinanderlegen der Chakren wird der kosmische Magnet aktiviert und das setzt nicht nur Lebensenergie frei, die sofort im Körper zu wirken beginnt, es führt gleichzeitig zu einer tiefen Entspannung, auch wenn man das subjektiv nicht unbedingt wahrnimmt. Eine häufige Erfahrung ist, daß man glaubt, Atemnot zu haben. Das rührt daher, daß mit der tiefen Entspannung der Atem flacher wird. Weil der Körper das nicht gewöhnt ist, hat man das Bedürfnis, tief durchzuatmen, wenn man die Flachheit der Atmung bemerkt.

Ein anderes Phänomen ist der Herzschlag. Es kann sein, daß das Herz durch die tiefe Entspannung viel ruhiger und auch langsamer schlägt. Weil der Körper aber daran nicht gewöhnt ist, kann das Herz plötzlich schneller schlagen. Oder man bildet sich nur ein, das Herz würde gewaltig pochen, weil man es in der inneren Stille viel deutlicher spürt als normalerweise. Es kann aber auch sein, daß man den Herzschlag des Partners spürt und denkt, es sei der eigene.

All diese Erfahrungen sind gut und richtig, aber auch nicht notwendig und nicht wichtig. Was immer geschieht, sollst Du nehmen, wie es eben kommt, und einfach nur beobachten. Wenn die Empfindungen oder Gedanken stark sind, dann wendet sich Deine Aufmerksamkeit ganz von selbst darauf. Alle diese Sensationen zeigen das Wirken der Lebensenergie, die verstärkt in den Körper strömt und Verspannungen und Blockaden (Streß) auflöst. Dadurch werden die Energiebahnen freier und Du fühlst Dich nach der Übung gestärkt und mehr in den Lebensstrom eingebettet, was man als Glück erfährt.

Was immer geschieht, nimm es, wie es kommt.

Genau wie beim Körperfühlen gibt es für die Herz-Umarmung nur eine einzige Anweisung und die lautet, immer wenn Du feststellst, daß Du Gedanken denkst oder irgendwelche Empfindungen und Regungen im Körper beobachtest, lenke Deine Aufmerksamkeit mühelos auf Dein Herz zurück oder besser noch auf den Raum zwischen Euren beiden Herzen, der durch eine Wärme- oder Lichtempfindung ausgefüllt sein kann. Das soll ganz leicht und ungezwungen geschehen. Du sollst Dich also nicht mit voller Kraft auf den Punkt konzentrieren, sondern die Herzgegend so leicht und unbeteiligt fühlen, wie Du beim Körperfühlen gelernt hast, Deinen ganzen Körper zu fühlen.

Immer wenn Du feststellst, daß Du Gedanken denkst oder Regungen im Körper beobachtest, kommst Du ganz leicht und mühelos auf die Übung zurück.

Mit Herz ist natürlich das Herz-Chakra gemeint, der mittlere Energiewirbel, der beim unteren Ende des Brustbeins lokalisiert ist. Wenn Du während der Partnerübung Deine Aufmerksamkeit in diese Gegend lenkst, wirst Du die Stelle vermutlich leicht finden. Und wenn Du sie nicht so genau spürst, dann ist das auch nicht weiter schlimm.

Keine der hier beschriebenen Erfahrungen ist zwingend notwendig. Wenn Du diese Erfahrungen nicht machst, heißt das also noch lange nicht, daß die Übung nicht funktioniert. Um solche Fragen solltest Du Dich gar nicht kümmern. Wenn Du immer nur danach suchst, ob Du alles richtig machst und bestimmte Anzeichen auch wirklich auftreten, bist Du nicht bei der Sache und dann funktioniert es tatsächlich nicht. Wenn Du den Wert der Herz-Umarmung beurteilen willst, dann betrachte, was sich mit der Zeit in Deinem täglichen Leben verändert.

Einer besonderen Erwähnung bedarf die sexuelle Reaktion.

Einer besonderen Erwähnung bedarf die sexuelle Reaktion. Besonders wenn Ihr noch wenig Übung habt, kann es leicht passieren, daß sich am Anfang eine mehr oder weniger heftige sexuelle Reaktion zeigt. Das ist durchaus ein gutes Zeichen, denn es beweist, daß die Lebenskraft geweckt wird. Wenn diese Reaktion stark ist, und das betrifft vorzugsweise unerfahrene Männer, dann solltest Du sie eine kurze Weile fühlen, wie Du es beim Körperfühlen gelernt hast. Du wirst sehen, daß die Reaktion bald nachläßt, weil die Energie ganz von selbst den Energiekanal (Sushumna) hinaufsteigt, wenn sie nicht ausgelebt wird.

Ein Mann, der nicht gelernt hat, die Lebensenergie aufsteigen zu lassen, ist ein armes Würstchen.

Dieser Aspekt der Herz-Umarmung ist besonders für den Mann sehr wertvoll, der heutzutage keinerlei Anleitung erfährt, wie er mit der Lebenskraft, die ihn bisweilen aufwühlt, umgehen soll, während er gleichzeitig andauernd und auf vielfältige Weise – auch von verantwortungslosen Frauen – sexuell gereizt wird. Ein Mann, der nicht gelernt hat, die Lebensenergie auch in höhere Bereiche seines Energiesystems aufsteigen zu lassen, ist ein armes Würstchen, das sein Selbstwertgefühl nur in der sexuellen Potenz findet und mit dieser ebenso schnell wieder verliert. Wenn er aber gelernt hat, die Lebenskraft dorthin fließen zu lassen, wo sie gerade gebraucht wird, wird er nicht nur in allen Lebensbereichen ›potenter‹, auch in den geistigen, er wird auch dann größeren Genuß haben, wenn er sie tatsächlich und in freiem Willen, nicht körperlicher Notdurft unterliegend, sexuell auslebt.

Eines ist sehr wichtig. Während der Herz-Umarmung kommt der gesamte Organismus, Körper und Geist, in einen Zustand sehr tiefer Ruhe. Das bemerkt man selbst gar nicht unbedingt. Doch auch wenn man selbst vielleicht gar nicht so tief in sich versunken ist, ist es doch der Partner vielleicht. Deshalb sollte alles sehr behutsam und ruhig verlaufen, besonders das Beenden der Übung.

Natürlich sollte man dafür sorgen, daß man nicht gestört wird. Wenn aber doch etwas Unvorhersehbares geschieht, wenn es zum Beispiel an der Tür klingelt, hat man immer noch genug Zeit, langsam aus dem Zustand tiefer Entspannung herauszukommen. Atme zunächst zwei-, dreimal tief durch. Das merkt auch Dein Partner und erkennt es als Zeichen zum Aufhören. Du kannst Deinen Partner auch sanft ein wenig an Dich drücken, um ihn aufmerksam zu machen. Dann öffne zunächst die Augen blinzelnd. Löst Euch langsam voneinander, nicht mit einem Ruck! Orientiere Dich kurz in der Umgebung. Erst dann reagiere auf die Störung. Das Ganze dauert vielleicht eine halbe Minute. Soviel Zeit bleibt immer.

Wenn Ihr die Übung regulär beendet, dann sollte dieser Vorgang etwas länger dauern, so zwei bis drei

Wenn es zum Beispiel an der Tür klingelt...

Löst Euch langsam voneinander, nicht mit einem Ruck.

Minuten. Haltet Euch mit geöffneten Augen noch einen Moment in den Armen, bevor Ihr die Umarmung erst ein wenig lockert und Euch dann langsam ganz voneinander trennt. Manchmal kann diese Trennung wirklich schwer fallen. Es ist, als ob man aneinander klebt.

Man kann die Übung notfalls auch im Liegen machen.

Wenn es aus irgendwelchen Gründen nicht möglich ist, die Herz-Umarmung stehend zu üben, kann man sie auch im Liegen machen. Das ist aber für die regelmäßige Praxis die zweite Wahl, weil es im Liegen nicht möglich ist, die Oberkörper auf die gleiche Weise zusammenzubringen wie im Stehen und die Lebensenergie verhält sich im Liegen auch ein wenig anders. Wenn Ihr aber nicht so lange bequem stehen könnt oder wenn einer von Euch bettlägerig ist, dann ist es immer noch besser, die Übung im Liegen zu machen, als gar nicht.

In dieser Haltung liegen beide auf der Seite. Legt Euch so aneinander, daß die Oberkörper, also die Herzregionen, zusammenkommen. Der Mann schiebt sinnvollerweise einen Arm unter dem Hals der Frau durch, um sie zu umfassen und beiden genügend Halt zu geben. Die Köpfe müssen mit einem Kissen unterstützt werden, so daß Ihr beide ganz entspannt liegen könnt. Es ist auch darauf zu achten, daß die Atmung nicht behindert ist.

Im übrigen verläuft die Übung wie oben beschrieben. Allerdings werden die Erfahrungen dabei etwas anders sein, weil die Chakren im unteren Bereich weiter voneinander entfernt sind, während die Herz-Chakren sehr dicht aneinander liegen. Verlaufen im Stehen immer wieder Energiewellen von unten nach oben, was man durchaus wahrnehmen kann, ist die

Energie im Liegen eher statisch auf das Herzzentrum konzentriert. Auch wenn es vielleicht bequemer ist, die Übung im Liegen zu machen, sollte das nicht zur Gewohnheit werden, wenn es auch im Stehen möglich ist.

Eine begründete Ausnahme ist natürlich Krankheit. Krankheit ist letztlich eine Störung im Fluß der Lebensenergie. Deshalb sollte man gerade bei Krankheit nicht auf die Herz-Umarmung verzichten, solange der Erkrankte das nicht nachdrücklich wünscht. Natürlich macht man die Übung dann im Liegen.

Eine begründete Ausnahme ist Krankheit.

Wenn der Kranke das Bedürfnis hat, kann er sich auch leicht einrollen und der gesunde Partner legt sich mit dem Bauch gegen seinen Rücken. Wie oben erwähnt, haben die Energiekanäle und -wirbel auf dem Rücken Entsprechungen, so daß die Übung auch in dieser Position möglich ist, wenn die Wirkung auch ein wenig anders ist.

Wenn Ihr die Herz-Umarmung regelmäßig macht und außer der Reihe das Bedürfnis habt, Euch in den Arm zu nehmen und den kosmischen Magneten zu aktivieren, so spricht nichts dagegen. Jede Umarmung bringt Euch näher zusammen und stärkt damit die Wurzeln, mit denen Ihr aus dem Urgrund des Glücks Energie zieht. Jede Mutter schließt ihr trauriges oder verletztes Kind spontan in die Arme und hüllt es dadurch in ihren Energiemantel. Freunde und Verwandte drücken sich bei freudigen wie traurigen Ereignissen gleichermaßen an die Brust. Die Umarmung zwischen Mann und Frau ist jedoch die tiefgreifendste und wirksamste.

Jede Umarmung stärkt die Wurzel Eures Glücks.

Ein besonderer Grund, die Herz-Umarmung so oft wie nur möglich zu machen, ist eine Schwangerschaft. Wenn der kosmische Magnet zwischen Vater und Mutter aktiviert wird und ein Feld reiner Lebenskraft aufbaut, ruht das werdende Leben mitten in diesem Energiefeld und das ist, als ob es in Sonne badet. Auch ein Embryo hat bereits ein im Ansatz vollständiges Energiesystem. Je energiereicher die Umgebung ist, in der er sich entfaltet, desto differenzierter und kräftiger entwickelt sich sein eigenes Energiesystem und mit ihm sein Körper und Geist.

Schwangere können auch zusätzlich eine Übung machen. Sie sollte in bequemer Sitzhaltung oder auch im Liegen gemacht werden und besteht darin, die Gegend des wachsenden Lebens zu fühlen, so wie Du es beim Körperfühlen gelernt hast. Diese Übung sollte etwa fünfzehn bis zwanzig Minuten lang gemacht werden und kann so oft am Tag wiederholt werden, wie Zeit ist und wie es angenehm ist. Durch diese Übung wird der Gebärmutter Energie zugeführt, was der Entwicklung des Babys zugute kommt.

Zum Abschluß noch ein Vorschlag, der hilft, den Wert des Körperfühlens und der Herz-Umarmung zu erkennen. Unser subjektives Urteil läßt sich wirklich leicht täuschen, wenn es darum geht, die eigenen Erfahrungen zu bewerten. Deshalb kann es hilfreich und interessant sein, zumindest in den ersten Monaten ein Tagebuch über Eindrücke während der Übungen und im alltäglichen Leben zu führen. Wenn Du dann unsicher bist, ob sich die Mühe überhaupt lohnt, und solche Fragen stellen sich immer mal wieder ein, kannst Du in Deinem Eheglück-Tagebuch nachlesen, was sich in Eurem Leben verändert hat. Du wirst erstaunt sein, wie schnell man positive Ereignisse vergißt, wenn man gerade Kummer hat.

Es ist besonders aufschlußreich, Erlebnisse des täglichen Lebens zu notieren. So ist es zum Beispiel nicht verwunderlich, wenn Du feststellst, daß eine gewisse Unterstützung da ist, wo Du früher vielleicht ›gegen die Wand gelaufen‹ bist. Das ist ganz normal, denn wenn Dich die Lebenskraft stärker durchströmt, bist Du mehr im Einklang mit der Natur. Deine Handlungen werden dann spontan richtiger sein und entsprechend vom Fluß des Lebens getragen. Du wirkst auf andere Menschen positiver, weil Du mehr Lebensenergie ausstrahlst, und deshalb helfen sie Dir eher, als Dir Knüppel in den Weg zu legen.

Natürlich kannst Du in diesem Tagebuch auch all die Sensationen notieren, die sich während der Übung einstellen können, obwohl wir diesen subjektiven Eindrücken keinen weiteren Wert beimessen sollten. Es bringt überhaupt nichts, seine Zeit darauf zu verwenden, diese Erfahrung zu bewerten oder irgendwie zu deuten. Gemeint sind Bilder und Farben, die Du vielleicht siehst, Töne die Du hörst, Erinnerungen, die plötzlich wieder auftauchen, Muskelzuckungen, Reaktionen in Herzschlag und Atmung und so weiter.

Alle diese Eindrücke sind Begleitumstände der tiefen Entspannung und der Lösung von sehr subtilen Verspannungen. Aber die Bilder und Töne lassen keine Rückschlüsse darauf zu, was für Verspannungen sich gelöst haben, und wenn Du keine besonderen Erlebnisse hast, heißt das nicht, daß die Übung nicht wirkt. Deshalb solltest Du den Wert der Herz-Umarmung grundsätzlich nur danach beurteilen, was sich in Deinem Alltag ändert. Wenn Euer Zusammenleben friedlicher und erfüllender geworden ist, dann ist das ein Erfolg. Ob Du Bilder ›siehst‹, wie man sie bei einem Symphoniekonzert haben kann, ist zwar interessant, aber ganz ohne Belang.

Die einzige Erfahrung, die direkt durch die Herz-Umarmung ausgelöst werden kann, ist die Wahrnehmung des Energiefeldes, das zwischen Euch entsteht, obwohl auch diese Erfahrung keinen Rückschluß darauf zuläßt, ob die Übung funktioniert oder nicht. Das Feld des kosmischen Magneten kannst Du als elastische Kugel zwischen Euch fühlen oder als Wärme empfinden, als strahlendes Licht, einen goldenen Ball etc. Und es sind weitere lichte Erlebnisse möglich, die an dieser Stelle aber nicht vertieft werden können. Für alle subjektiven Eindrücke, die sich während der Herz-Umarmung einstellen können, gilt die einfache Regel: Nimm es an, wie es kommt.

Es mag vorkommen, daß Du Dich während der Herz-Umarmung energetisch so auflädst, daß Du denkst, Du müßtest platzen, wenn Du nicht sofort die Augen aufreißt. Natürlich platzt Du nicht. Aber wenn Du es denn gar nicht mehr aushalten kannst, dann stell Dir vor, wie die Energie aus Deinem Herzen ausströmt und Euch beide in eine rosa Wolke hüllt. Danach fährst Du ganz normal mit der Übung fort. Dieser kleine Schlenker sollte nur ausnahmsweise gemacht werden, und dieser Hinweis sollte auf keinen Fall als Aufforderung verstanden werden, mit der Herz-Energie irgendwelche Experimente anzustellen. Macht die Herz-Umarmung, wie sie beschrieben ist, und laßt die Energie dorthinfließen, wo sie hin will, nicht, wo Ihr sie hinhaben wollt!

Der erweiterte Orgasmus

Es mag im ersten Moment überraschen, daß hier dieses Thema angeschnitten wird. Wenn wir uns aber mit dem Fließen der Lebensenergie beschäftigen, dann stellen wir fest, daß sie sich zuerst als sexuelle Kraft manifestiert. Die Lebensenergie, die vom Wurzel-Chakra aufsteigt, wird im Swadhistana-Chakra in sexuelle Energie transformiert. Das erlebst Du wahrscheinlich auch bei der Herz-Umarmung, wenn anfangs eine entsprechend deutliche Reaktion eintritt.

Die erste Manifestation der Lebensenergie ist die sexuelle Kraft.

Tatsächlich funktioniert der Koitus ähnlich wie die hier erläuterte Partnerübung. Die verschieden gepolten Chakren von Mann und Frau werden zusammengeführt, wodurch ein Spannungsfeld entsteht. Durch Reibung wird die Ladung physisch gesteigert, um den Akkumulationsprozeß zu beschleunigen. Diese Technik ist so simpel, daß sie sogar bei Tieren funktioniert. Allerdings ist die Vereinigung auf solche Weise betrieben sehr kurz und auf Dauer wenig befriedigend.

Der Mensch kann viel größeres Glück erfahren.

Der Grund liegt einfach darin, daß der Mensch in der Lage ist, viel größeres Glück zu erfahren, als es in den Sekunden des physischen Orgasmus erlebt werden kann. Dazu muß er der Lebensenergie nur erlauben, in höhere Zentren aufzusteigen. Wird der Koitus jedoch auf die genannte Weise praktiziert, entläd sich die gesamte freigesetzte Energie im sexuellen Zentrum. Das ist körperlich angenehm und vom medizinischen Standpunkt aus nützlich, aber wenn der Orgasmus auf das untere Zentrum beschränkt ist, bleibt eine unbestimmte Sehnsucht, eine gewisse Traurigkeit zurück.

Der physische Orgasmus allein spendet keine wirkliche Befriedigung.

Der physische Orgasmus spendet körperliche Erleichterung, aber keine wirkliche Befriedigung. Frauen empfinden das gewöhnlich deutlicher als Männer und bezeichnen eine solche Begegnung als lieblos. Und nach langen Ehejahren, in denen die ›eheliche Pflicht‹ lediglich auf diese Weise vollzogen wurde, schläft das Verlangen beider Partner mehr und mehr ein.

Die gegenseitige Polarität von Mann und Frau wird in der Sexualität besonders deutlich. Der Mann ist aktiv und drängend, die Frau passiv und zögernd.

Der Mann ist schnell erregt und bereit, sein Geschenk zu übergeben, die Frau öffnet sich nur langsam und braucht Zeit, um das Geschenk mit Freude anzunehmen.

Ein junger, unerfahrener Mann wird von der sexuellen Kraft fortgerissen, wenn sie entfesselt wird, und die junge Frau weiß kaum, wie sie darauf reagieren soll. So ist das erste Zusammensein meist von kurzer Dauer und geringer Freude. Jungen Menschen wird heute viel über die biologischen Zusammenhänge, Empfängnisverhütung und die ganzen technischen Aspekte des Koitus erzählt, aber nichts vom Geheimnis zwischen Mann und Frau.

Jungen Menschen wird viel über Sex-Technik, aber vom Geheimnis zwischen Mann und Frau nichts erzählt.

Was ein junger Mann lernt oder nach einer Weile selber merkt, ist, daß die Frau ›länger braucht‹. Er lernt deshalb das sogenannte Vorspiel mit seinen ungeschriebenen Regeln, aber für viele bleibt es nur ein Instrumentarium, um ›ans Ziel‹ zu kommen. Jungen Männern wird nicht gelehrt, wie sie zum Ritter werden, also wie sie den Feuerdrachen der sexuellen Kraft unterwerfen, zu ihrem Diener machen, um sich von ihm in höhere Gefilde tragen zu lassen. Und die jungen Frauen lernen nicht, wie sie das Feuer behüten und ihrem Galan den Glanz jener höheren Gefilde zeigen, um seine Sehnsucht danach zu wecken.

Doch das klingt alles ziemlich romantisch und märchenhaft. Natürlich paßt das zum Zauber des Eros, aber der Mensch von heute ist praktisch veranlagt. Deswegen wollen wir nun untersuchen, wie der erweiterte Orgasmus energetisch funktioniert und wie er praktisch verwirklicht werden kann.

Wie funktioniert der erweiterte Orgasmus und wie kann er praktisch verwirklicht werden?

Zunächst betrachten wir noch einmal den Hauptenergiekanal (Sushumna) mit seinen sieben Hauptenergiezentren (Chakren). Wir haben in einem früheren Kapitel bereits erörtert, daß die Lebensenergie im Wurzel-Chakra (Muladhara) eintritt. In der indischen Literatur wird auch von einer Schlange (Kundalini) gesprochen – sie symbolisiert die Energie wie der Drache –, die eingerollt im untersten Chakra schläft. Wird diese Schlange geweckt, steigt sie im Sushumna-Kanal auf.

Die sieben Chakren gruppieren sich in eine untere und eine obere Hälfte. Genau in der Mitte dazwischen liegt das Herz-Chakra. Die untere Hälfte versorgt den physischen Körper mit Energie, die obere den mentalen Bereich. Entsprechend dieser räumlichen Anordnung wird allgemein auch von niederen und höheren Kräften gesprochen. Das sollte aber nicht dazu führen, daß Sexualität als niedrig abgetan wird, womit dann schmutzig gemeint ist.

Der Zölibat, der heute in der Öffentlichkeit kaum noch verstanden wird, hat den einzigen Zweck, aller Lebensenergie die Möglichkeit zu geben, in die höheren Zentren aufzusteigen, denn der Geistliche oder Mönch will sein Leben ganz den höheren, geistigen Kräften weihen. Allerdings zeigt die Erfahrung, daß sich die sexuelle Energie zu großer Macht aufstauen kann, weil die oberen Energiewirbel (noch) nicht vollständig funktionieren und deshalb so viel Lebensenergie oft gar nicht transformieren können. So kann der Zölibat besonders in einer Gesellschaft, die ganz in den tieferen Frequenzen der sexuellen Energie schwingt, zu einer unerträglichen Last werden.

Es ist nicht gut, die sexuelle Energie zu unterdrücken.

Für den Menschen, der im weltlichen Leben steht, ist es nicht gut, die sexuelle Energie zu unterdrücken. Geistliche und weltliche Machthaber haben immer wieder versucht, durch Unterdrückung der Sexualität die Menschen zu kontrollieren. Aber es ist auch nicht anzuraten, die sexuelle Kraft so hemmungslos und rücksichtslos auszuleben, wie das heute immer mehr geschieht, weil dadurch die höher schwingenden geistigen Zentren unterversorgt bleiben, was zu einer Verarmung menschlicher Qualitäten, zum Verlust der Werte und zum Verfall der Kultur führt.

Ein erfülltes (weltliches) Leben sollte physisch und mental ausgewogen sein. Das Energiezentrum, das in der Mitte zwischen der unteren und oberen Hälfte von Sushumna liegt, das Anahata-Chakra (Herz) schafft diesen Ausgleich zwischen Swadhistana-Chakra (Sexualität) und Ajna-Chakra (Bewußtsein). Das erhellt auch den Wert der Herz-Umarmung als anregend-ausgleichende Kraft zwischen physischer und mentaler Hälfte.

Was man gerne hat, möchte man nahe haben. Ganz spontan drücken wir uns vor Freude aneinander, manchmal vor lauter Überschwang so heftig, als könnten sich die Körper durchdringen. Aber das Fleisch ist im Wege. Die innigste Umarmung, die körperlich möglich ist, ist die sexuelle Vereinigung. Mann und Frau berühren sich dabei an verborgenen Stellen. Die damit ausgedrückte Verbundenheit ist so sehr kostbar, daß Du sie ganz bewußt genießen solltest.

Wenn wir uns in den Arm nehmen, legen wir dabei unwillkürlich die Energiezentren aufeinander. Deshalb ist es schön und richtig, von der sexuellen Umarmung zu sprechen, denn auch hierbei kommen die Chakren aufeinander zu liegen und der kosmische Magnet wird aktiviert.

Die sexuelle Vereinigung ist die innigste Umarmung, die körperlich möglich ist. Deshalb ist es schön, von der sexuellen Umarmung zu sprechen.

Jetzt, wo Du das Geheimnis des kosmischen Magneten durch eine praktische Übung täglich tiefer erforschen kannst, solltest Du ihn auch nutzen, wenn Ihr Euch liebevoll vereint. Es ist sicher eine gute Idee, zunächst die Herz-Umarmung zu machen, wie sie im vorangegangenen Kapitel beschrieben worden ist. Dabei ist es bequem, Seite an Seite zu liegen.

Bei der körperlichen Vereinigung empfiehlt es sich, daß der Mann auf dem Rücken liegt.

Später, bei der körperlichen Vereinigung empfiehlt es sich, daß der Mann auf dem Rücken liegt und die Frau auf ihm. Das ist deshalb von Vorteil, weil so die Energiewirbel aufeinanderliegen und beide dabei körperlich entspannt sind. Der im allgemeinen kräftiger gebaute Mann kann auch in dieser Lage noch frei genug atmen. Außerdem wird er durch das Gewicht der Frau in seinem impulsiven Bewegungsdrang gedämpft, was ein behutsames Erleben der bevorstehenden Ausdehnung der Glücksempfindung unterstützt. Wenn der Mann ›Liegestütz‹ macht, ist er für feine Regungen viel zu sehr angestrengt.

Es ist an sich gar nicht nötig, irgendwelche Bewegungen auszuführen, um das Glück anzustacheln. Allein durch das Energiefeld, das der kosmische Magnet aufbaut, kann sich die Erregung bis zum Orgasmus steigern, wenn man genügend Erfahrung und Geduld hat. Aber das soll nur eine Bemerkung am Rande sein.

Etwas anderes ist wichtig. Wenn sich durch die körperliche Stimulation so viel Energie in Swadhistana angesammelt hat, das es zur Entladung kommt, wird das Bewußtsein explosionsartig fortgerissen. Es ist ein kurzer Moment jenseits der physischen Welt, ein ›kleiner Tod‹, wie die Franzosen sagen, weil sich das Ich-Bewußtsein für einen zeitlosen Moment auflöst und sich eine grenzenlose Ewigkeit auftut, in die man zu stürzen scheint.

Leider ist dieser Moment lichtvoller Besinnungslosigkeit nur zu schnell vorbei und wir finden uns in die reale Welt zurückgefallen wieder. Die Energie ist abgefackelt wie ein Feuerwerk und die Dunkelheit kehrt zurück. Das muß nicht sein!

Wenn der Orgasmus ausgelöst wird, liegt das Zentrum der Aufmerksamkeit zwischen den Beinen, als ob Du nichts anderes wärst, als ein Geschlechtsorgan. Der Orgasmus ist aber eine automome Reaktion, die keinerlei Aufmerksamkeit benötigt, um ungestört und lustvoll ablaufen zu können. Keine körperliche Freude geht Dir verloren, wenn sich Deine Aufmerksamkeit anderen Energiezentren zuwendet. Ganz im Gegenteil!

Der Orgasmus ist eine automome Reaktion, die keinerlei Aufmerksamkeit benötigt.

Wenn Du also neugierig bist auf einen erweiterten Orgasmus und wenn Du die Entfaltung Deiner ›höheren‹, geistigen Kräfte stimulieren willst, so wie Du mit Freude den physischen Körper stimulierst, dann probiere folgende Übung. Es ist allerdings gut, wenn Du zunächst eine gewisse Routine in der Herz-Umarmung erwirbst, also ein paar Monate die Übung regelmäßig praktizierst, bevor Du diese sexuelle Umarmung versuchst.

Lenke Deine Aufmerksamkeit auf das dritte Auge.

Wenn die Orgasmusreaktion einsetzt, lenke Deine Aufmerksamkeit auf den Punkt zwischen Deinen Augen über der Nasenwurzel, der auch drittes Auge genannt wird. Du sollst das ohne Anstrengung tun, so wie Du es beim Körperfühlen und bei der Herz-Umarmung gelernt hast. Wenn Du nicht daran denkst, Deine Aufmerksamkeit auf das Ajna-Chakra zu lenken, weil Dich der physische Orgasmus fortreißt, macht das nichts. Du wirst noch oft Gelegenheit dazu haben. Nimm es Dir einfach vor und wenn Du es vergißt, macht das nichts. Du nimmst es Dir einfach fürs nächste Mal wieder vor. Es kann schon eine ganze Weile dauern, bis es Dir gelingt, den Vorsatz tatsächlich in die Tat umzusetzen, aber dann wird es Dir immer öfter und immer leichter gelingen.

Der mentale Orgasmus Wozu soll das gut sein? Durch den Orgasmus wird viel mehr Energie freigesetzt, als für den Zeugungsakt benötigt wird. Das ist das kosmische Geschenk der körperlichen Liebe. Wenn diese Energie aber nur verpufft, bist Du natürlich unzufrieden. Indem Du die Aufmerksamkeit auf das Ajna-Chakra lenkst, erlaubst Du viel mehr Lebensenergie als gewöhnlich durch den Sushumna-Kanal aufzusteigen. Dadurch wird nicht nur die physische Orgasmusreaktion etwas verlängert, mit der Zeit wirst Du auch die Erfahrung von Licht in Deinem Kopf machen, eine Art ›mentaler Orgasmus‹. Das Glück nach einer solchen sexuellen Umarmung ist doppelt: körperlich und seelisch.

Wer einmal
aus dieser Quelle getrunken hat,
wird immer danach dürsten.

Maharani Anand

Zank und Streit

Wenn Ihr mit der Herz-Umarmung beginnt, werden Zank und Streit deshalb nicht im Nu auf Nimmerwiedersehen verschwinden. Deshalb soll auch dieses Thema kurz behandelt werden.

Es ist ganz natürlich, daß es zwischen Menschen zu Meinungsverschiedenheiten kommt, besonders wenn sie eng zusammenleben, und es läßt sich wohl auch nicht vermeiden, daß daraus immer mal wieder Zank und Streit wird. Du solltest aber nie versuchen, einen entstandenen Streit mit der Herz-Umarmung auszutricksen! Dein Partner würde einen solchen Umarmungsversuch vermutlich als Überfall empfinden und das mit Recht. Die Übung ist nicht dazu da, alle Differenzen plattzubügeln.

Zunächst solltest Du Dir klarmachen, daß Streit und sogar Haß auch ein Ausdruck von Liebe ist. Wer sich die Mühe macht, mit jemandem zu Streiten, will ihn von einer Ansicht überzeugen, die er selbst für richtig hält, und will dem anderen damit eigentlich helfen. Haß ist der verzweifelte Ausdruck von Liebe. Wenn die Liebe daran gehindert wird, sich frei zu entfalten, kann sie in Haß umschlagen, aber es ist immer noch die gleiche Energie. Wer jemanden haßt, der nimmt große Mühe und Anstrengung auf sich und beweist damit, wie viel ihm der andere bedeutet.

Das Gegenteil von Liebe ist Gleichgültigkeit und nicht Haß.

Das Gegenteil von Liebe ist deshalb nicht Haß sondern Gleichgültigkeit. Haß ist sozusagen umgedrehte Liebe. Liebe, die versagt hat, sich in Herzlichkeit auszudrücken, wandelt sich zu Haß. Aber wenn die Liebe ganz erlischt, wenn die Energie versiegt, dann bleibt nur dumpfe Gleichgültigkeit. Wenn die Liebe immer wieder versagt hat und der Haß alle Kraft aufgezehrt hat, dann tritt Gleichgültigkeit ein.

Mann und Frau sind zusammen, weil sie sich ausgesucht haben. Aus irgendwelchen Gründen haben sie sich füreinander entschieden, auch wenn diese Gründe selten bewußt sind. Wenn sie zusammen sind, lernen sie sich immer besser kennen und der eine wird zum Spiegel des anderen. Die Psychologen sprechen vom ›blinden Fleck‹, den man für sich selbst hat, das heißt, man sieht bei sich selbst nur, was man sehen will. Eigenschaften, die man deshalb an sich selbst nicht wahrnimmt, erkennt der andere aber oft glasklar. Das führt dann leicht zu Vorwürfen und Meckereien, die sich in Zank und Streit entladen können.

Außerdem wird in den Partner alles mögliche hineinprojiziert. Er soll Sehnsüchte und Hoffnungen erfüllen, die er meist gar nicht kennt, und er büßt gleichzeitig als Stellvertreter für alle schlechten Erfahrungen und Ängste, die ganz andere vor ihm verursacht haben.

Eheleute, Lebenspartner sind miteinander verstrickt und diese Verwicklung bricht immer mal wieder auf und führt mit einer Konsequenz zu heftigen Auseinandersetzungen, die mit der Zeit des Zusammenlebens fast rituell werden. Deshalb besteht der erste Schritt darin, diesen eingeschliffenen Zwang zu durchbrechen. Wie? Den Streit abbrechen, einfach aufhören. Nicht Recht behalten wollen, notfalls mit dem egozentrischen Trick: Der Klügere gibt nach. Aber es ist gar kein Nachgeben. Bei besonner Betrachtung wird meist um Nichtigkeiten gestritten und nicht selten schwappen die Wogen des Streits so hoch, daß beide gar nicht mehr wissen, worum es eigentlich geht, womit es angefangen hat, denn im Verlauf des Streits werden alle möglichen Vorwürfe aufgetischt, alte Geschichten, die wieder und wieder hochkommen, wenn irgendein nichtiger Anlaß zum Streit geführt hat.

Ein Streit entwickelt sich allmählich. Anfangs besteht nur eine bedeutungslose Meinungsverschiedenheit oder irgendeine Bemerkung, die als Vorwurf aufgefaßt wird. Schnell gibt dann ein Wort das andere und die meist schon wohlbekannte Litanei von Verletzungen, Vorwürfen, Enttäuschungen und schlechten Angewohnheiten wird gegenseitig heruntergebetet. Ohne daß beide es so richtig bemerken, befinden sie sich mitten in einer heftigen Auseinandersetzung, die leider, wenn einer nicht mehr weiter weiß, auch zu Handgreiflichkeiten führen kann.

Der Partner soll Sehnsüchte und Hoffnungen erfüllen und büßt als Stellvertreter für schlechte Erfahrungen mit anderen.

Den Streit abbrechen, einfach aufhören.

Eigentlich ist es, wie Du es schon beim Körperfühlen gelernt hast. Deine Aufmerksamkeit wird abgelenkt, verstrickt sich in alle möglichen Gedanken und Du vergißt Dich. So ist es auch beim Zank, die Aufmerksamkeit wird in die Irre geleitet. Deswegen solltest Du Dich, sobald Dir klar wird, daß wieder das alte Streitschema abläuft, von diesem Muster befreien. Unterbrich den Streit, indem Du die Angriffe nicht mehr parierst. Zieh Dich zurück, um Deine Fassung wiederzugewinnen.

Weil man sehr erregt ist, bietet es sich an, zunächst einen Moment lang den Körper zu fühlen, wie Du es bereits gelernt hast. Vermutlich wirst Du von Gedankenstürmen überrollt, der Streit geht in Deinem Kopf weiter, aber die Wut verraucht langsam, weil es keine Reaktionen mehr gibt.

Dann kannst Du Dir zunächst klarmachen, daß der Grund für den Streit lediglich fehlgeleitete Liebesenergie ist. Du kannst versuchen herauszubekommen, wie Euer Streitmuster abläuft, aber Vorsicht, Vorwürfe und Schuldzuweisungen bringen Dich nicht weiter. Schuld haben immer beide Beteiligten, aber Schuld suchen, kann man nur bei sich selbst. Solange jeder dem anderen Schuld zuweist, geht es nicht voran. Viel wichtiger ist, sich klar zu machen, daß keiner den Streit will, und sich zu fragen, was man selbst dazu beigetragen hat, daß es wieder zu einem Streit gekommen ist.

Selbst wenn man den Grund für den Streit in einer Schwäche des anderen sieht, sollte man sich fragen, warum man ihm nicht geholfen hat, über die Schwäche hinwegzukommen oder den schwachen Punkt großzügig zu umgehen. Wenn zum Beispiel einer ständig am anderen rumnörgelt, dann kann einem das schon sehr auf die Nerven gehen. Aber man kann sich auch fragen, warum der andere so unzufrieden ist und was ihn so kleinlich sein läßt. Solches Verständnis wird dem Betroffenen mit der Zeit helfen, sich selbst zu fragen, woher die Unzufriedenheit in ihm kommt, denn das Herumnörgeln ist nur eine Projektion der eigenen inneren Zerrissenheit auf den anderen.

Menschen, die eng zusammenleben, sind sich gegenseitig ein Spiegel, und es ist nicht immer leicht, in den Spiegel zu schauen. Manch einer mag den Spiegel zerschlagen, weil er das Spiegelbild seiner Selbst nicht ertragen kann. Nur hat der Spiegel keine Schuld daran und das Verschwinden des Spiegelbilds ändert die Tatsachen auch nicht. Deshalb sollte man sich fragen: Ich habe mir diesem Partner ausgesucht. Was soll ich in diesem Spiegel erkennen, der er mir ist?

Menschen, die zusammenleben, sind sich gegenseitig ein Spiegel.

Es hilft auch, sich zu vergegenwärtigen, daß jeder von uns falsche Bilder im Kopf hat und sich entsprechend destruktiv dem anderen gegenüber verhält. Deshalb sollte man sich an die eigenen Brust klopfen, statt dem anderen Vorhaltungen zu machen; deshalb sollte man für den anderen Verständnis aufbringen und ihm verzeihen, damit man auch auf sein Verständnis hoffen kann.

Wenn Streit dazu führt, daß beide in sich gehen und sich selbst fragen, wo ihre Schwächen sind, wo sie sich weiterentwickeln müssen, dann wird jeder Streit zu einem Schritt aufeinander zu. Jeder überwundene Streit wird zu einem Triumph der Partnerschaft, zu einer Verbreiterung des gemeinsamen Fundaments.

Jeder überwundene Streit wird zu einem Triumph der Partnerschaft.

Nun ist es aber so, daß der Streit zunächst eine Kluft aufgeworfen hat. Ganz gleichgültig, ob Du einen Streit wie hier empfohlen einfach beendest oder ob er bis zur Erschöpfung oder irgendwelchen Schlußakkorden ausgefochten wird, am Ende seid Ihr auseinandergebrochen. Jeder ist mit sich alleine und jeder hat seine Strategien, damit umzugehen: heulen, sich betrinken, aus dem Haus rennen – oder aber Körperfühlen und sich Besinnen.

Was zerbrochen ist, muß wieder zusammengefügt werden, und dazu ist es unvermeidlich, daß einer zum anderen geht, um den aufgeklafften Riß zu schließen. Bei einem jungen Paar geht das meist noch recht einfach. Oft ist es die magische Kraft der Sexualität, die das Paar wieder zusammenführt. Das Vergeben und Vergessen ist dann das Schönste am ganzen Streit.

Schon wieder ich? Mit den Jahren des Zusammenlebens wird es aber immer schwieriger, die Kluft wieder und wieder zu schließen und sogar die Sexualität wird mit Forderung und Verweigerung zum Instrument des Streits. In solchen Situationen kommt es leicht zu lange anhaltenden Zerwürfnissen, wo beide sich zurückziehen, umeinander schleichen und nicht miteinander sprechen. Wer soll da den ersten Schritt machen? Schon wieder ich etwa?

Immer wieder aufeinander- zugehen, ist die Klippe, an der Beziehungen scheitern. Immer wieder neu aufeinanderzugehen, ist die große Herausforderung im Zusammenleben und die Klippe, an der die Beziehungen scheitern. Auch der kosmische Magnet muß jedesmal wieder aktiviert werden und dazu muß einer von beiden den Anstoß geben. Selbst wenn Ihr eine feste Uhrzeit habt, wann Ihr die Herz-Umarmung macht, muß doch einer von

Euch den ersten Schritt tun und sagen, daß es soweit ist.

Aber wenn es zum Beispiel einen Streit gegeben hat oder sonst ein Hindernis auf Eurem gemeinsamen Weg aufgetaucht ist, dann kann es passieren, daß Ihr beide darauf lauert, der andere möge doch bitteschön den ersten Schritt tun. Diese Klippe zu überwinden, kann Euch auch die Herz-Umarmung nicht abnehmen. Wenn Ihr nicht zusammenbleiben wollt, dann hält Euch auch diese Übung nicht zusammen. Wenn Ihr aber die Übung macht, wird es Euch leichter fallen zusammenzubleiben. Das heißt nicht, alles geht dann augenblicklich von selbst. Auch mit der täglichen Herz-Umarmung ist es keine Sache von Tagen oder Wochen, sondern von Jahren.

Um nicht beim erstbesten Streit die Übung zu unterbrechen und damit alles noch schlimmer zu machen, solltet Ihr einfach beschließen, Euch jeden Tag zu umarmen, auch wenn Ihr im Streit seid. Selbst im Krieg schweigen am Heiligen Abend die Waffen. Hißt die weiße Fahne und umarmt Euch, wenn die Zeit gekommen ist. Wenn Ihr Euch nur an diese eine einzige Abmachung haltet, Euch unabhängig von allen Vorwürfen und Schuldzuweisungen zu umarmen, wenn die Zeit dafür gekommen ist, dann werden alle Eure Auseinandersetzungen künftig nur noch bis zur nächsten Herz-Umarmung dauern. Denn wenn Ihr Euch in den Arm nehmt, den kosmischen Magneten aktiviert und gemeinsam in der damit entfachten Energie badet, dann werden alle kleinlichen Streitereien fortgespült.

*   *
*

Das Geschenk

Einmal ging ein Mann zu einem Meister und fing an, ihn lauthals zu beschimpfen. Er schimpfte eine, zwei, drei Stunden lang, bis es dunkel wurde. Als die Nacht hereinbrach, wollte er gehen. Da sagte der Meister: »Nun, lieber Freund, sag mir noch eins.«

Der Mann hielt inne, und der Meister sagte: »Wenn einer einem anderen ein Geschenk bringt und dieser es nicht annimmt, bei wem verbleibt es dann?«

Der Mann antwortete: »Bei dem, der es gebracht hat.«

»Gut«, erwiderte der Meister, »ich nehme das Geschenk, das du gebracht hast, nicht an.«

aus Yvonne Ginsberg (Hrsg.): Gleichnisse. Param Verlag, 1990,3.

Keinen Partner?

Nun kann es sein, Du würdest auch gerne die Herz-Umarmung machen, hast aber keinen Partner, mit dem Du üben kannst, oder Du hast zwar einen Partner, der aber nicht (mehr) in Deiner Nähe ist.

Du hast keinen Partner oder er ist nicht bei Dir.

Wenn Du die Herz-Umarmung mit Deinem Lebenspartner machst und Ihr werdet für eine Zeit getrennt, dann könnt Ihr beide wie gewohnt weitermachen. Natürlich könnt Ihr Euch nicht tatsächlich in den Arm nehmen, wenn Ihr getrennt seid. Verabredet eine Zeit und beachtet bei größeren Distanzen die Zeitverschiebung. Wenn die Zeit gekommen ist, übt jeder von Euch für sich: Setze Dich bequem hin und denke daran, daß Dein Partner sich genau in diesem Moment ebenso hinsetzt und es sich bequem macht. Dann schließt Du die Augen und machst die Herz-Umarmung, wie Du es gewohnt bist, wobei Du Dir vorstellen kannst, wie Du Deinen Partner umarmst.

Wenn Du von Deinem Lebenspartner getrennt wirst.

73

Tatsächlich sind räumliche Entfernungen auf der mentalen Ebene von untergeordneter Bedeutung. Durch die Herz-Umarmung wird ein feiner Energiefaden gesponnen, der Eure Herzen durch Raum und Zeit verbindet. Je mehr Übungspraxis Ihr bereits habt, desto ›reißfester‹ ist dieser Faden und ermöglicht eine Verbindung selbst auf große Entfernung, auch wenn diese Verbindung subtiler, nicht so ›greifbar‹ ist.

Wie dieser Faden wächst, kannst Du bei der täglichen Praxis beobachten. Wenn Ihr Euch nach der Übung langsam voneinander löst, kann es sein, daß es ein Gefühl ist, als ob Ihr aneinander klebt. Das ist die Wirkung des kosmischen Magneten! Wenn Ihr Euch aber gelöst habt, wird die Wirkung anfangs sofort abbrechen. Mit der Zeit kannst Du dann bemerken, daß das Energiefeld zwischen Euch bestehen bleibt, selbst wenn Ihr ein paar Zentimeter getrennt seid. Je mehr Übung Ihr habt, desto größer kann die Distanz werden.

Deshalb können Paare, wenn sie getrennt werden, die Übung auf rein mentaler Ebene fortführen, auch wenn das ein wenig anders ist. Das ist auch ein besonderer Trost für alle, die ihren Lebenspartner verlieren. Irgendwann kommt nun einmal der Moment, wo ein Paar durch den Tod des einen getrennt wird. Der Zurückbleibende kann dann in der beschriebenen Weise mit der Herz-Umarmung weitermachen.

Wenn Du mit jemandem zusammenlebst, den Du nicht umarmen magst... Anders liegt der Fall, wenn Du zwar mit jemandem zusammenlebst, mit dem aber die Übung nicht machen magst oder er nicht mit Dir. Das sollte Dir zu denken geben. Warum lebst Du mit jemandem zusammen, den Du nicht umarmen kannst?

Wenn Du nicht den Mut hast, Deinen Partner mit der Herz-Umarmung zu konfrontieren, kannst Du versuchen, die Übung allein zu machen, indem Du Dir vorstellst, daß Du ihn umarmst. Vielleicht gelingt es Dir ja damit, das Eis zum Schmelzen zu bringen. Du kannst Dir natürlich auch einen Trainingspartner suchen, aber wenn Dein Lebenspartner das erfährt, wird er sich wahrscheinlich so fühlen, als ob Du ihn betrogen hättest.

Im Zeitalter der ›Singles‹ wird es auch vorkommen, daß jemand von der Herz-Umarmung erfährt – vielleicht weil er dieses Büchlein liest –, aber nicht weiß, mit wem er diese Partnerübung machen soll.

Nun, zunächst kannst Du mit dem Körperfühlen anfangen, denn es ist ohnehin zu empfehlen, erst einmal gute Erfahrungen mit dieser vorbereitenden Übung zu haben. Vielleicht spielt Dir das Schicksal ja rechtzeitig einen Partner zu. Wenn Du darauf nicht warten willst, mußt Du Dir eben einen Partner suchen. Vielleicht gibt es jemanden in Deiner Verwandtschaft, der für Dich infrage kommt? Oder Du findest in Deinem Freundeskreis jemanden. Am besten gibst Du einem möglichen Kandidaten dieses Büchlein zu lesen und wartest, was sich daraus ergibt.

Natürlich gibt es noch anderer Möglichkeiten, mit einem solchen Partnerwunsch in die Öffentlichkeit zu treten. Du kannst zum Beispiel ein Inserat in der Zeitung aufgeben, um eine Selbsthilfegruppe für Eheglück zu gründen: »Eheglück für Singles und Paare! Private Selbsthilfegruppe für mehr Lebensglück läd ein. Zuschriften unter Chiffre...«

Wenn Du einen Fremden als ›Trainingspartner‹ wählst, sollte er zunächst selbst dieses Büchlein

Du kannst Dir auch einen Fremden als Trainingspartner auswählen.

durcharbeiten. Es reicht nicht, daß Du ihm erzählst, was zu tun ist, denn jeder findet in einem Text andere Passagen wichtig. Spätestens dabei wird dem Leser auch klar, daß es sich nicht um einen versteckten sexuellen Antrag von Dir handelt, sondern um ein rein praktisches Angebot zum beiderseitigen Vorteil – ein Angebot auf Zeit, denn wenn einer von Euch einen Lebenspartner findet, wird das sicher zur Beendung der Trainingspartnerschaft führen.

Natürlich sollten sich Trainingspartner sympatisch sein. Der kosmische Magnet funktioniert zwar immer, wenn ein Mann und eine Frau für die Herz-Umarmung zusammenkommen, aber wenn man sich nicht sympatisch ist, kann es lange dauern, bis man sich aneinander gewöhnt und aufeinander eingestellt hat. In dieser Zeit sind dann die subjektiven Erfahrungen nicht so, daß sie zum Weitermachen motivieren, und gerade wenn man sich fremd ist, führt das leicht zum Abbruch der Übungspraxis.

Wenn Dein Umarmungs-Partner nicht sehr nahe wohnt, könnt Ihr vielleicht nur gelegentlich üben. Es ist aber immer noch besser, sich nur zwei-, dreimal pro Woche am kosmischen Magneten aufzutanken, als gar nicht.

Die Welt umarmen

Zuerst liebt man nur, wenn man geliebt wird.
Dann liebt man spontan, will jedoch
wiedergeliebt werden. Später liebt man, auch
wenn man nicht geliebt wird, doch liegt einem
daran, daß die Liebe angenommen werde. Und
schließlich liebt man rein und einfach, ohne ein
anderes Bedürfnis und ohne eine andere Freude,
als nur zu lieben.

Die Mutter, Auroville

zitiert nach Bettina (Hrsg.): Liebe. Param, 1981.

Die Welt umarmen

Nun liegt das Geheimnis des kosmischen Magneten in Deiner Hand. Nutze es zum Besten für Dich und für Deine Nächsten und Du tust das Beste für Dich und die ganze Welt. Alle Probleme, alles Leiden entsteht nur aus Schwäche und die ist nichts anderes als blockierte Energie.

Die ganze Schöpfung ist gekennzeichnet von natürlicher Schönheit und Überfluß, die der unbegrenzten Energie entspringen. In diesen Fluß kannst Du Dich mit der Herz-Umarmung einklinken, um ein Maximum von Freude und Erfüllung zu erleben.

Doch so phantastisch diese Chance erscheint, solltest Du nicht erwarten, daß Dir alles abgenommen wird. Du mußt es wollen und Du mußt es tun. Du hast die Lebenssituation geschaffen, in der Du jetzt steckst, und nur Du kannst sie ändern. Wenn Du nun beginnst, mehr Energie und Lebensfreude in Deinen Alltag einfließen zu lassen, so wird das Deine Lebenssituation positiv stimmen. Aber Veränderung ist ein Prozeß, der Zeit und Gelegenheit und vor allem Deinen Willen benötigt.

Veränderung ist ein Prozeß, der Zeit und vor allem Deinen Willen benötigt.

Wenn Du selbst glücklicher bist, dann trägst Du dieses Glück auch hinaus und es wird von der Welt, von den Menschen um Dich herum nach und nach reflektiert. Dadurch ergeben sich neue Chancen für Dich und weil Du mehr Lebenskraft hast, wirst Du solche Gelegenheiten besser erkennen und wahrnehmen können. So ändern sich die Lebensumstände Schritt für Schritt, und manches Mal wirst Du Dich

Wenn Du selbst glücklicher bist, wird Dein Glück von der Welt reflektiert.

wundern, aus welchen Ecken unverhofft Erfüllung Deiner Wünsche hervortritt.

Geduld gehört dazu und Vertrauen, Vertrauen zu der unbeugsamen Kraft, die in Dir wirkt und mit der Du durch die Herz-Umarmung in Resonanz trittst. Denke daran, daß eine kleine Schale nur wenig Wasser aufnehmen kann, das schnell wieder verbraucht ist. Wenn Du aber regelmäßig ›Wasser schöpfst‹, dann wird Dein Gefäß größer und größer.

Geduld gehört dazu und Vertrauen.

Wenn Du mit der Übung beginnst, dann fühlst Du Dich hinterher vielleicht entspannter und ausgeglichener und Du gehst mit mehr Zuversicht in den Alltag hinaus, weil Du Deinem Lebenspartner nahe warst. Aber diese Wirkung wird im Trubel des Tages schnell verrauchen. Wenn Ihr Euch dann wieder in den Arm nehmt, ist es eine große Wohltat. Der Kontrast zwischen der unzerstörbaren Einheit, die Ihr während der Übung seid, und dem hin und her gerissenen Individuum, das Du den Tag über bist, ist groß.

Je länger Ihr die Herz-Umarmung praktiziert, desto mehr wirst Du das Gefühl der Unerschütterlichkeit mit in Deinen Alltag nehmen und mit den üblichen Problemen und Herausforderungen entsprechend besser fertig werden – wie ein Fels in der Brandung.

Je öfter Ihr die Herz-Umarmung macht, desto mehr wirst Du das Gefühl der Unerschütterlichkeit mit in Deinen Alltag nehmen.

So wie eine volle Schale überfließt, kannst Du die Menschen um Dich herum an Deinem Glück teilhaben lassen, kannst ihnen von Deiner Energie abgeben, die Du im Überfluß hast. Wenn ein Kind voller Kummer zu seiner Mutter gelaufen kommt, nimmt die Mutter es ohne lange darüber nachzudenken in den Arm, schließt es in ihre Energie ein und heilt dadurch seinen Kummer. In gleicher Weise umarmen sich Menschen vor Freude, in Trauer oder nach langer Trennung. Sie öffnen ihre Arme und öffnen damit ihr Herz für den Anderen, damit die Energie, die gleichbedeutend mit Glück ist, fließen kann.

Solange die eigene Energie knapp ist, fürchtet man sich davor, sich zu öffnen, aus Angst, das wenige, was man hat, auch noch fortzugeben, und nichts zurückzubekommen. Man hat falsche Erwartungen, wird deshalb enttäuscht und fühlt sich so darin bestätigt, daß es sicherer ist, sich zu verschließen. Doch Energie muß fließen, um glücklich zu machen, so wie Geld fließen muß, um Reichtum zu schaffen.

In der Umarmung liegt eine große Kraft. Damit ist nicht die gespielte Bussi-Bussi-Umarmung gemeint, sondern eine Umarmung, die von Herzen kommt. Selbst wenn sie nur kurz ist, beweist diese Geste Offenheit und Vertrauen. Wenn sich Feinde versöhnen, besiegeln sie das durch eine Umarmung.

Diese Kraft der Umarmung kannst Du nutzen, um Dein Verhältnis zu anderen Menschen zu verbessern. Jeder hat in seinem Leben mit großen und kleinen Widersachern zu tun, einem übellaunigen Vermieter, einem ungerechten Vorgesetzten, Rivalen in Beruf und Freizeit. Solche spannungsgeladenen Beziehungen können sehr belastend sein. Wenn Du die Herz-Umarmung regelmäßig machst, dann wirst Du unangenehme Situationen besser meistern, aber eine stark belastete Beziehung kann sehr viel Energie aufsaugen, bevor sie sich entkrampft.

Es gibt eine Möglichkeit, diesen Entspannungsprozeß zu unterstützen, nämlich indem Du die betreffende Person umarmst. Natürlich nicht tatsächlich, sie würde Dich vermutlich auch gar nicht an sich heranlassen, und Deine Angst, zurückgewiesen zu werden, hindert Dich sowieso daran, sie tatsächlich zu umarmen. Du kannst diese Person aber in Gedanken umarmen.

Dazu setzt Du Dich bequem hin, schließt die Augen und stellst Dir vor, diese Person zu umarmen und an Dein Herz zu drücken. Anfangs wirst Du vermutlich einen Widerwillen spüren, Dir diese Umarmung vorzustellen, aber je öfter Du die Vorstellung wiederholst, desto leichter fällt es Dir. Wir wollen hier nicht darüber reden, wie diese Übung wirkt. Probiere es einfach aus. Du wirst sehen, daß sich Dein Verhältnis zu der betreffenden Person entspannt oder sich sonst eine Lösung ergibt. Vielleicht wirst Du versetzt und bekommst einen anderen Chef, mit dem Du Dich besser verstehst.

Stellst Dir vor, diese Person zu umarmen.

Genau so, wie einzelne Menschen unserem Lebensglück im Wege zu stehen scheinen, kann man auch über seine Lebensumstände verzweifelt sein. Das blockiert dann den Fluß der Energie. Deepak Chopra empfiehlt deshalb folgende Affirmation:

»Ich werde heute alle Menschen, Situationen, Umstände und Ereignisse so hinnehmen, wie sie geschehen. Ich weiß, daß dieser Augenblick genau so ist, wie er sein sollte, denn das ganze Universum ist genau so, wie es sein soll. Ich werde mich nicht gegen das ganze Universum sperren, indem ich mich gegen diesen Augenblick sperre. Mein Akzeptieren ist vollständig und umfassend. Ich akzeptiere die Dinge, wie sie in diesem Augenblick sind, und nicht, wie ich sie mir wünsche.«

Deepak Chopra: Die sieben geistigen Gesetze des Erfolgs. Heyne, 1996.

Genau das ist mit Umarmen gemeint. Umarme Dein Schicksal und die Blockaden werden sich lösen, die Energie kann freier fließen und die Dinge werden sich zu Deinem Besten entwickeln.

Erfahrungs berichte

Erfahrungsberichte

Mary

Die Eheglück-Übung* hat mich sofort begeistert, aber ich war sehr skeptisch, was meinen Mann anbetraf. Wir sind seit vier Jahren verheiratet und ich habe schon oft an Scheidung gedacht, aber ich liebe meinen Mann und wir haben auch einen kleinen Sohn, dem ich die Familie erhalten möchte.

Unser Tagesablauf ist eingespielt. Ich konnte mir gar nicht vorstellen, wo da Platz für die Umarmungsübung sein sollte. Und ich dachte auch, mein Mann würde mich nur auslachen, wenn ich mit dem Vorschlag ankäme.

Ich habe deshalb erstmal mit dem Körperfühlen angefangen. Nach kurzer Zeit war mein Schlaf so gut, daß ich mich morgens viel besser fühlte. Wenn ich eher wach wurde, als mein Mann, dann habe ich mich an seinen Rücken geschmiegt und die Umarmungsübung so lange gemacht, bis er unruhig wurde und aufwachte.

Später habe ich dann jede Gelegenheit morgens beim Aufstehen genutzt, um ihn in den Arm zu nehmen. Anfangs habe ich einen gewissen Unwillen bei ihm gespürt oder er war sofort sexuell erregt. Deshalb waren diese Umarmungen zunächst nur kurz. Aber er hat sich bald daran gewöhnt und unsere Umarmungen wurden immer länger und inniger.

* Das ist die ursprüngliche Bezeichnung, wie sie von Maharani Anand verwendet wurde. Siehe hierzu auch das Vorwort.

Einen Tag brachte er mir abends einen bunten Strauß Blumen mit. Das hatte er schon ewig nicht mehr gemacht. Ich habe ihn in den Arm genommen und wir haben uns lange gehalten. Da habe ich zum ersten Mal eine Art Licht zwischen unseren Herzen gefühlt. Ich hatte Tränen in den Augen.

Später am Abend habe ich meinem Mann von der Einschlafübung erzählt. Ob er sie da gleich ausprobiert hat, weiß ich nicht, aber unsere Beziehung wurde danach immer liebevoller und wo wir früher nur gehetzt waren, hatten wir jetzt plötzlich mehr Zeit für uns.

Schließlich habe ich meinem Mann die Eheglück-Briefe* gegeben und er hat herzlich gelacht, als er erkannte, was in den vergangenen Wochen geschehen war. Seitdem umarmen wir uns jeden Tag. Unser Zusammenleben ist viel erfüllter geworden, und wenn wir uns gestritten haben, dann umarmen wir uns danach und aller Zorn schmilzt dahin. Jetzt führen wir die Ehe, von der ich früher nur geträumt habe.

Dorothee

Wenn ich zurückblicke, schäme ich mich, wie dumm ich war. Mein Mann kam mit dem Vorschlag, diesen Eheglück-Trick auszuprobieren. Eigentlich wollte ich gar nicht, aber ich mochte es ihm auch nicht abschlagen. Ich dachte, das wäre wieder so ein Trick von ihm, um mich zu bevormunden und mir

---

* Gemeint sind vermutlich Vorlesungsmitschriften, wie sie auch Teil des Manuskripts waren, nach dem dieses Buch entstanden ist.

zu beweisen, wie überlegen er ist. Außerdem hätte ich gerne von ihm gewußt, woher er diese seltsame Eheglück-Übung überhaupt kannte. Ich glaubte ihm die Geschichte mit den Briefen nicht, die ihm angeblich ein Arbeitskollege gezeigt hatte.

Nun gut, ich habe mitgemacht. Aber gute Erfahrungen hatte ich nicht. Entweder habe ich mich gelangweilt oder an die Arbeiten gedacht, die ich noch erledigen mußte. Außerdem atmete mein Mann manchmal schwer und pustete mir dabei ins Ohr. In seinem Bauch rumorte es und oft pochte sein Herz so heftig, daß ich es in meinem Leib fühlen konnte. Manchmal hatte ich auch Atemnot oder eine brennende Hitze zwischen uns stach mir in die Brust. Dann fühlte ich mich so aufgeladen, daß ich es nicht aushalten konnte.

Unsere Streitereien haben auch nicht aufgehört. Mein Mann hat mich bevormundet, so lange wir verheiratet sind. Außerdem wollte er immer alles besser wissen. Wir haben uns deshalb oft gestritten, aber am Ende habe ich immer nachgegeben, um unsere Ehe nicht zu gefährden. Darüber habe ich mich am meisten geärgert.

Nach zwei, drei Monaten, die wir die Übung gemacht haben, mußte ich mir allerdings eingestehen, daß mein Mann sich doch verändert hatte. Er ging mehr auf mich ein und zog sich meist geschickt zurück, bevor es zum Streit kam. Aber einmal sind wir dann doch wieder richtig aneinandergeraten und zwar so heftig, daß wir uns auch nicht mehr umarmt haben. Da habe ich zum ersten Mal gemerkt, daß mir etwas fehlte. Ich hatte zwar immer noch keine guten Erfahrungen während der Übung, aber es ist doch

schön, sich wenigstens zehn Minuten am Tag einfach
nur still im Arm zu halten, auch wenn das lange Stehen unbequem ist.

Wir haben uns zum Glück bald wieder vertragen
und umarmt. Nach diesem einschneidenden Erlebnis
veränderte sich meine Beurteilung des Verhaltens
meines Mannes allmählich. Was ich früher als ein-
deutige Bevormundung und Einengung gesehen hatte, erkannte ich nun als das Bemühen, mir zu helfen
und mich zu beschützen. Vielleicht waren seine Ver-
suche nicht immer sehr geschickt, aber doch wohl
gut gemeint und das zählt ja eigentlich mehr.

Vor einem Monat ist mein Mann gestorben, und jeden Tag begreife ich mehr, was ich dadurch tatsächlich
verloren habe. Ich wünschte, ich könnte ihn immer
noch umarmen. All die Streitereien waren so kindisch.
Jetzt kann ich ihm das nicht einmal mehr sagen.

Agatha

Eine gute Freundin hat mir vom Eheglück-Trick
erzählt und mir ihre Aufzeichnungen geliehen, damit ich sie mir abschreiben konnte. Ich habe es sehr
genossen, die Beschreibung dieser Übung zu lesen,
weil es praktisch genau das ist, was ich mit meinem
Ehemann seit nunmehr fast dreißig Jahren mache.
Bei jeder Gelegenheit halten wir uns lange und in-
nig in den Armen und herzen uns. Das hat uns über
viele schwarze Stunden in unserem Leben hinwegge-
tragen. Wir haben immer nach der Regel gelebt, nie
Schlafen zu gehen, ohne uns in den Arm genommen
zu haben. Auch wenn es mal Streit gegeben hatte.

Wir haben nur ein Kind, eine Tochter. Sylvia ist seit drei Jahren verheiratet und leider nicht sehr glücklich. Die jungen Leute führen ja heute ein anderes Leben. Mich hat das sehr traurig gestimmt, weil ich bislang nicht wußte, wie ich ihr helfen sollte. Mein Rat, sich jeden Abend zu umarmen, ist für sie nur ein frommer Wunsch gewesen. Sie sind beide berufstätig, wie das heute Mode ist. Sie und ihr Mann haben auch nie gelernt, wie man sich umarmt.

Deshalb bin ich sehr froh, weil ich meiner Tochter jetzt die Mitschrift dieser Vorträge geben kann, vielleicht glaubt sie einer indischen Maharani mehr als ihrer alten Mutter.

Besonders gut finde ich, daß klare Anweisungen gegeben werden, wie man sich umarmt. Ich hätte das nie so beschreiben können und bin der Maharani deshalb sehr dankbar für dieses wertvolle Geschenk. Ich hoffe, daß möglichst viele junge Paare diesen Text zu lesen bekommen, wenn auch ein paar Dinge darin berührt werden, von denen ich meine, daß sie nicht herumgezeigt gehören. Aber in der heutigen Zeit ist es wohl nicht anders möglich. Ich hoffe deshalb aber, daß diese Mitschriften nur in gute Hände kommen.

John

Seit ich erwachsen bin, hatte ich ein gespanntes Verhältnis zu meiner Mutter. Wir hatten die letzten fünfunddreißig Jahre keinen Körperkontakt mehr und wenn ich zu Besuch war, gab ich ihr höchstens die Hand. Ich litt sehr darunter und meine Mutter sicherlich auch. Aber wir konnten nie darüber sprechen.

Mein Leben war eine Kette unglücklicher Beziehungen, zwei gescheiterte Ehen eingeschlossen. Die Frau, mit der ich heute zusammenlebe, hat mich mit der Eheglück-Übung konfrontiert. Unsere Beziehung war sehr gespannt und drohte zu scheitern, als sie mir diese Mitschrift gab.

Ich war ziemlich schockiert, aber ich habe mich notgedrungen auf das Experiment eingelassen. Es hat Monate gedauert, bis ich die innere Ruhe bei der Umarmung fand, aber irgendetwas war daran, denn ich habe durchgehalten.

Nachdem ich die geheime Logik dieses Eheglück-Tricks verstanden hatte, begann ich die Übung auf meine Mutter anzuwenden. Wenn ich abends im Bett lag, stellte ich mir immer wieder vor, sie zu umarmen. Anfangs hatte ich dabei großen Widerwillen und stellte mir die Situation auch nur kurz vor. Mit der Zeit gewöhnte ich mich aber daran. Tatsächlich entspannte sich unser Verhältnis etwas, wenn wir uns auch weiterhin nicht anfaßten.

Eines Tages kam der Anruf, der irgendwann kommt. Meine Mutter lag im Sterben. Ich mußte drei Stunden mit dem Auto fahren. Als ich endlich im Haus meiner Eltern ankam, wirkte sie schon entrückt, aber sie erkannte mich noch. Ich beugte mich spontan über ihr Bett und legte mein Herz auf das ihre.

Diese Geste setzte einen stummen Orkan der Gefühle frei. Ein Beben durchlief uns und wir vergossen heiße Tränen. Schließlich flammte ein Licht zwischen uns auf wie eine Sonne, die immer größer und größer wurde. Ich weiß nicht, wie lange dieses Erlebnis gedauert hat, aber ich fühlte schließlich, daß es Zeit war, sich zu lösen. Meine Mutter war mit einem Lächeln im Gesicht heimgegangen. Ich habe vor Glück geweint, daß ich ihr wenigstens zum Abschied noch einmal so nahe gewesen war.

Mein Vater hat die ganze Zeit stumm hinter mir gestanden. Als ich aufstand, fielen wir uns in die Arme und weinten gemeinsam. Auch wir hatten uns all die Jahre höchstens die Hand gegeben.

Mark

Ich bin Immobilienmakler, das ist ein harter Job, wenn man mit nichts anfängt. Wir haben früh geheiratet und kurz nacheinander zwei Kinder bekommen. Ich habe geschuftet, um Geld zu verdienen, aber die Einnahmen waren sehr unregelmäßig und ich hatte immer Geldsorgen.

Ich war viel unterwegs und kam oft spät nach Hause, weil viele Klienten erst abends Zeit haben, sich Immobilien anzusehen. Ich war meist ziemlich abgespannt und gereizt. Ich hatte dann nur noch Essen, Alkohol und Sex im Kopf. Das gefiel Linda, meiner Frau, natürlich gar nicht. Es gab deshalb viel Streit.

Als ich eines Abends nach Hause kam, war Linda mit den Kindern fort. Am Kühlschrank klebte ein Zettel auf dem stand, sie müsse Abstand gewinnen, ich solle nicht nach ihr suchen.

Ich habe mich den ganzen Abend betrunken. Als ich ins Bett getorkelt bin und die Decke aufschlug, sah ich ein kleines Bündel handgeschriebener Seiten, die zu einem Heft zusammengenäht waren, das Linda dort wohl für mich versteckt hatte. Aber ich war natürlich viel zu betrunken, um diesen Abschiedsbrief zu lesen.

Als ich am nächsten Morgen mit Kopfschmerzen aufwachte, fiel mein Blick gleich auf das Heftchen. Ich mußte alle Termine absagen, weil ich mich so elend fühlte. Ich blieb den ganzen Vormittag im Bett, und als es mir wieder etwas besser ging, nahm ich das Heft zur Hand. Es war gar kein Abschiedsbrief, sondern die Niederschrift von Vorträgen mit dem Titel »Der Eheglück-Trick«. Allein diesen Titel fand ich schon albern. Linda hatte auch noch Blümchen drumherum gemalt, aber ich war doch neugierig und habe es schließlich in einem Zug durchgelesen.

Ich weiß nicht, wie ich es beschreiben soll, aber an manchen Stellen wurde mir ganz schön mulmig. Ich erkannte, wie wir die letzten Jahre zusammengelebt hatten und wie ich Linda behandelt hatte. Eigentlich hatte ich mich gar nicht um sie gekümmert und mich nur an ihr abreagiert.

Sex war für mich immer sehr wichtig gewesen. Als junger Mann war ich von einer solchen Unruhe getrieben, daß ich so ziemlich hinter jedem Mädchen her war. Mein einziges Ziel war dabei, sie flachzulegen. Danach fühlte ich mich erleichtert, aber nie wirklich gut. Mit den meisten Mädchen war ich deshalb auch nur sehr kurz zusammen.

Mit den Jahren wurde das zwar etwas besser, aber im Prinzip war es immer noch das gleiche. Da war dieser innere Druck und der mußte eben irgendwo hin. Selbst als ich verheiratet war, ging das noch nach diesem Muster. Heute frage ich mich, warum mich Linda überhaupt geheiratet hat. Wahrscheinlich nur, weil sie schwanger war.

Als ich das Heftchen las wurde mir klar, wie ich Linda die ganze Zeit nur benutzt hatte und daß ich selbst eigentlich auch nie richtig zufrieden damit war, ich hatte es nur bislang nicht beachtet oder nicht besser gewußt.

Ich habe dann sofort mit dem Körperfühlen angefangen und das hat mir verdammt gutgetan. Ich habe tiefer geschlafen, war morgens frischer und konnte tagsüber viel besser auf meine Klienten eingehen. Das hat sich mit der Zeit übrigens auch auf meinen Geschäftsumsatz ausgewirkt.

Ich war wirklich heil froh, als Linda nach einer Woche zurückkam. Als wir uns sahen, habe ich sie spontan in die Arme genommen und wir haben uns eine Weile gehalten. Ich habe dabei natürlich gleich versucht, die Eheglück-Übung zu machen, aber ich habe absolut nichts gemerkt. Mir war das egal, Hauptsache Linda und die Kinder waren wieder da.

Wir haben uns dann regelmäßig in den Arm genommen und ich habe mich dabei mit der Zeit auch ganz wohl gefühlt, aber lange, lange keine von den Erfahrungen gemacht, die in der Mitschrift beschrieben sind. Linda dagegen blühte geradezu auf und das hat mir natürlich auch gut getan. Im Geschäft lief es besser und selbst wenn ich spät nach Hause kam, freute ich mich auf meine Frau und die Kinder.

Der größte Gewinn für mich war die Erfahrung, daß man beim Sex eine viel tiefere Befriedigung finden kann, als ich das bislang erlebt hatte. Ich habe ausprobiert, was ich darüber gelesen hatte, und mit der Vorbereitung durch das Körperfühlen hat das auch von Anfang an ziemlich eingeschlagen. Ich war zum ersten Mal in meinem Leben hinterher wirklich glücklich.

Wenige Monate danach konnte ich einen großen Auftrag an Land ziehen. Ein ganzes Neubaugebiet war zu verkaufen. Ich mußte dafür noch einen Mitarbeiter einstellen. Inzwischen habe ich drei Mitarbeiter und mein Büro floriert, wie ich es mir nie erträumt hätte. Viel wichtiger noch ist mir aber, daß mein Familienleben genauso floriert, denn das ist die Voraussetzung für wirklichen Erfolg im Leben.

Rückblickend bin ich Linda sehr dankbar, daß sie mir diesen heilsamen Schock versetzt hat, denn freiwillig hätte ich sowas wahrscheinlich nie ausprobiert. Deshalb schreibe ich auch gerne diesen Erfahrungsbericht. Ich wäre sehr froh, wenn viel mehr Menschen diese simple Übung nutzen würden.

C. H. C.

Ich habe bildende Kunst studiert und wollte Künstler werden, aber meine Eltern sagten, ich solle einen ordentlichen Beruf ergreifen. Deshalb bin ich dann Lehrer geworden. Aber ich wurde nicht glücklich in dem Beruf und habe ihn nach fast zehn Jahren aufgegeben, um als Werbegrafiker zu arbeiten. Aber auch damit war ich nicht zufrieden.

Inzwischen bin ich über fünfzig und habe noch immer meinen Platz im Leben nicht gefunden. Vor einem halben Jahr haben wir mit der Eheglück-Übung begonnen. Nach vielen Jahren Unterbrechung habe ich wieder angefangen, Bilder zu malen, und ich merke, wie wichtig das für meine Seele ist. Früher habe ich immer das Geldverdienen an die erste Stelle gesetzt, und ich habe große Existenzangst gehabt.

Jetzt habe ich viel mehr Vertrauen und erlaube mir eher, das zu tun, was mir wirklich gut tut.

Gerade hatte ich meine erste Ausstellung. Sie war kein durchbrechender Erfolg, aber ein vielversprechender Anfang immerhin. Und ich weiß jetzt, was für mich wirklich wichtig ist.

Martha und William

Wissen Sie, wir führten eigentlich schon vorher eine glückliche Ehe. Wir waren seit neun Jahren verheiratet, als wir vom Eheglück-Trick erfuhren, und nahmen uns oft und herzlich in den Arm. Wir haben ein kleines Lebensmittelgeschäft, und wir stehen morgens um vier Uhr auf. Bill fährt zum Großmarkt und ich bereite alles für den Frühstücksimbiß vor, den wir in unserem Geschäft nebenbei betreiben. Es ist harte Arbeit, aber es macht uns immer noch viel Spaß.

Über Mittag schließen wir für eineinhalb Stunden. Früher haben wir in der Zeit nur gegessen und geschlafen, um für das Abendgeschäft wieder fit zu sein. Wir halten den Laden bis zehn Uhr Abends offen, denn viele Leute stellen erst am Abend fest, daß ihr Kühlschrank leer ist.

Nachdem wir beide die Aufzeichnungen gelesen hatten, waren wir uns sofort einig, ohne lange darüber zu sprechen. Seitdem machen wir am Anfang der Mittagspause die Partnerübung. Danach sind wir so entspannt, daß wir diese einzige freie Zeit am Tag richtig genießen können und am Nachmittag wieder mit Freude im Geschäft stehen.

Daß wir auch am Abend noch gut gelaunt bei der Sache sind, hat wohl auch unsere Kundschaft gemerkt, denn mit der Zeit kamen immer mehr nach Feierabend in unseren Laden, um einen Snack einzunehmen und mit anderen oder uns zu plaudern. So ist unser Geschäft zu unserem zweiten Wohnzimmer geworden, wo wir jeden Abend gute Freunde empfangen.

Und von dem zusätzlich verdienten Geld wollen wir dieses Jahr Urlaub machen. Wir schließen unser Geschäft für zwei Wochen und fahren in die Berge. Es ist das erste Mal, daß wir verreisen. Es soll unsere Hochzeitsreise werden. Dafür hatten wir nämlich bislang noch keine Zeit gehabt.

Liebe Leserin, lieber Leser,

nun haben Sie dieses Büchlein durchgelesen. Vielleicht würden Sie jetzt gerne die Herz-Umarmung für sich nutzen, haben aber keinen Partner und mögen dafür auch nicht selbst aktiv werden. Dann würden wir Ihnen gerne helfen, falls wir es können. Wenn Sie also wollen, schicken Sie uns Ihre Adresse und die nötigsten Angaben (vielleicht z. B. Ihr Alter, Ihre Telefonnummer o. ä.). Wir werden dann darauf achten, ob jemand in Ihrer Nähe auch einen Übungspartner sucht und Sie ggf. zusammenbringen.

Und dann haben wir noch eine Bitte: Die Erfahrungsberichte in diesem Büchlein, auf die wir nicht verzichten wollten, sind etwas antiquiert und sicher auch nicht repräsentativ. Wenn Sie also die Herz-Umarmung praktizieren, würden wir uns sehr freuen, wenn Sie uns irgendwann Ihre ganz subjektiven Erfahrungen damit berichten. Welche Veränderungen haben sich in Ihrem Leben und Erleben eingestellt – oder auch nicht?

Bitte schreiben Sie an: Maharani-Anand-Freundeskreis, Kurze Straße 5 in D-21 702 Ahlerstedt.